Über die revolutionäre Partei der Arbeiterklasse

Otto Bruckner / David Lang / Tibor Zenker

Über die revolutionäre Partei der Arbeiterklasse

Ein Parteibuch

Spinning Scripts

Der Drehbuchverlag
Wien

Originalausgabe
Frühjahr 2013

Herstellung: Books on Demand GmbH, Norderstedt
Printed in Germany
ISBN: 978-3-902676-71-9
www.drehbuchverlag.com

Inhaltsverzeichnis

Vorwort

„Ohne eine eiserne und kampfgestählte Partei, ohne eine Partei, die das Vertrauen alles dessen genießt, was in der gegebenen Klasse ehrlich ist, ohne eine Partei, die es versteht, die Stimmung der Massen zu verfolgen und zu beeinflussen“, sei es unmöglich, den Kampf um den Sturz der kapitalistischen Ordnung erfolgreich zu führen, schreibt Lenin.

Damit in Österreich eine solche Partei neu geschaffen werden kann, damit sie wachsen und sich in den Kämpfen entwickeln kann, ist ein solides Fundament vonnöten, auf dem sie entsteht.

Mit dem vorliegenden Band legen wir einige Vorarbeiten, Zusammenfassungen, auch Sichtungen von Bewährtem zu diesem Thema vor. Unser Dank gilt hier im Besonderen Tibor Zenker, der in den letzten Jahren unermüdlich für dieses Thema gearbeitet hat.

Wir sind der tiefen Überzeugung, dass dem Betrug an den arbeitenden Menschen, der in den kapitalistischen Ländern gerade in großem Umfang stattfindet, nur durch eine kampfkräftige und starke Arbeiterbewegung entgegengetreten werden kann. Dass eine solche auch in unserem Land wieder entsteht, dazu wollen wir unser Möglichstes beitragen.

Otto Bruckner

Vorsitzender der
Kommunistischen Initiative Österreich
Wien, 7. November 2012

Vorbemerkung

Der vorliegende Band versteht sich als Beitrag zur Diskussion über Organisierungsfragen links der angepassten Teile der Sozialdemokratie.

Dieser Raum, historisch durch kommunistische Parteien besetzt, ist seit der Niederlage des Sozialismus in der UdSSR und in Europa in Bewegung. Die Krise der kommunistischen und Arbeiterparteien seit 1989/90/91 ist auch eine Identitätskrise, mit der unterschiedlich umgegangen wurde.

Einige Parteien wurden liquidiert, einige in linkssozialdemokratische oder rein sozialdemokratische Parteien umgewandelt. Ein Ergebnis dieser Richtung, die ideologisch am ehesten mit eurokommunistischen oder austromarxistischen – somit revisionistischen – Ansichten zu vergleichen ist, aber auch explizit und bewusst nicht- sowie antimarxistische Bereiche integriert, ist die Schaffung der Partei der Europäischen Linken (EL), in der z.B. die deutsche Partei Die Linke, die italienische Rifondazione Comunista oder die griechische Synaspismos (als Kern von SYRIZA) organisiert sind. Strategisch ergeben sich reformistische Ansätze, die auf eine Transformation des neoliberalen Kapitalismus in eine solidarische Gesellschaft orientieren. International ist eine tendenzielle Entsolidarisierung gegenüber sozialistischen und sozialistisch orientierten Ländern sowie gegenüber antiimperialistischen Befreiungsbewegungen festzustellen. Dafür bekennt man sich grundsätzlich, aber kritisch zur Europäischen Union, gerade über die Formierung der EL nach den Vorgaben und Regeln der EU.

Andere Parteien bemühen sich um die Erneuerung der kommunistischen Identität und damit um Erhalt und neuen Aufschwung der kommunistischen Weltbewegung. Diese Richtung, deren bekanntesten Proponenten in Europa die griechische (KKE) und die portugiesische (PCP), aber z.B. auch die ungarische (MKMP) und russische Kommunistische Partei (KPRF) gehören, sind zum Großteil verbunden über die regelmäßig stattfindenden Internationalen Treffen der Kommunistischen und Arbeiterparteien (IMCWP). Ideologisch steht man auf dem Boden des Marxismus-Leninismus. International bewertet man die EU als imperialistisches Projekt, das abzulehnen ist. Gleichzeitig spielen in der IMCWP-Gruppe auch Parteien eine wichtige Rolle, die in einem revolutionären Prozess stehen, wie die Kommunistische Partei Venezuelas (PCV), oder solche, die um die Verteidigung und die Weiterführung ihrer Revolution und des Sozialismus in ihrem Land kämpfen, wie die Kommunistische Partei Kubas (PCC). Strategisch setzt man auf den Klassenkampf sowie auf antiimperialistische und antimonopolistische Bündnisse, auf die revolutionäre Überwindung des Kapitalismus und den Aufbau des Sozialismus.

In einigen Parteien scheint die Entscheidung über die Ausrichtung noch nicht oder zumindest noch nicht endgültig gefallen zu sein, dazu zählen z.B. die Deutsche Kommunistische Partei (DKP) oder die Partei der Arbeit der Schweiz (PdAS).

In der Kommunistischen Partei Österreichs (KPÖ) ist bereits im Jahr 2004 eine Entscheidung gefallen. Im Inneren setzte sich die revisionistisch-reformistische Führung mit bürokratischen und antidemokratischen Machtmitteln gegen die marxistische, an der IMCWP-Gruppe orientierte Linksopposition durch. Diese wurde einerseits in Wien und Tirol zerstört (und ihre Mitglieder wurden Großteils hinausgesäubert), anderseits hinter dem Semmering eingesperrt, wo ironischer Weise aber die einzige erfolgreiche KPÖ-Landesorganisation arbeitet. Mit der Kommunistischen Jugend (KJÖ) und dem Kommunistischen StudentInnenverband (KSV) wurde gebrochen. Gleichzeitig wurde die KPÖ in die EL integriert. Dies hatte natürlich Konsequenzen.

Bereits im Januar 2005 wurde die Kommunistische Initiative Österreich als eigenständige Organisation gegründet, zunächst vor allem als Sammlung ehemaliger oppositioneller Wiener KPÖ-Mitglieder. Mittlerweile ist die KI, in die in weiterer Folge auch neue Mitglieder eintraten, die zuvor sozialdemokratischen, sozialistischen oder Jugendorganisation angehörten oder unorganisiert waren, in sechs Bundesländern vertreten. Über die Bündnisliste KOMintern ist sie mit einer Mandatarin in der Wiener Arbeiterkammer präsent. In ihren zentralen Räumlichkeiten im Wiener Arbeiterbezirk Ottakring sind neben der KI und KOMintern inzwischen auch KJÖ und KSV zu Hause.

Die eigentliche Aufgabe der KI – die Sammlung der marxistisch-leninistischen Kräfte und Personen in Österreich – kann nach bald acht Jahren ihrer Tätigkeit als abgeschlossen betrachtet werden, auch wenn solche noch in kleineren Teilen in der KPÖ verbleiben. Es geht daher nun um die zweite Phase der KI-Entwicklung, in der die Schaffung einer neuen revolutionären Partei der österreichischen Arbeiterklasse auf der Tagesordnung steht. Hierfür wurden in den vergangenen Monaten bereits eine Reihe konkreter praktischer und theoretischer Vorarbeiten geleistet. Ein Ergebnis dieser Arbeit ist auch der vorliegende Band, der über den Diskussions- und Entwicklungsstand sowie über vorläufige inhaltliche Vorstellungen Auskunft erteilt und diese auch in Bezug zu historischen Erfahrungen und theoretischen Grundlagen stellt.

Der erste Beitrag – „Von der Kommunistischen Initiative zur revolutionären Partei der Arbeiterklasse" – resümiert die Situation innerhalb der KI und wirft auch einen Blick auf die Potenziale anderer Organisationen. Er präsentiert einige inhaltliche Leitlinien für eine künftige Partei und begründet sie ausführlich. Ihm liegt ein Referat Otto Bruckners auf der außerordentlichen Generalversammlung der KI am 23. Juni 2012 zugrunde.

Der nachfolgende Text behandelt „Historische und theoretische Grundlagen" der revolutionären, marxistischen Organisierung. Er spannt den geschichtlichen Bogen vom Bund der Kommunisten über die drei Internationalen und die Bolschewiki bis hin zur früheren KPÖ. In theoretischer Hinsicht kommen insbesondere Karl Marx, Friedrich Engels, W. I. Lenin, Antonio Gramsci und Ernst Wimmer zu Wort. Mit Ausnahme des Abschnitts zu Gramsci, der im Nachhinein eingefügt wurde, basiert dieser Text auf den Vortragsunterlagen des diesjährigen Herbstzyklus' der Marxistischen Abendschule (MASCH) der KI, der zwischen 28. September und 19. Oktober 2012 stattfand. Selbiges gilt für die folgenden drei Beiträge.

Im dritten Artikel setzt sich David Lang mit der Bedeutung der Organisierung der Jugend und ihrem Verhältnis zur Partei auseinander. Dabei geht es auch um konkrete Erfahrungen der österreichischen kommunistischen Jugendverbände der letzten Jahre.

Der vierte und der fünfte Beitrag umreißen strukturelle, organisationspolitische und arbeitstechnische Anforderungen an eine revolutionäre Partei in unserer Zeit, die Voraussetzungen für eine zielsichere und erfolgreiche Neuorganisierung sein werden.

Denn eines steht fest: Die Neuschaffung einer revolutionären Partei der Arbeiterklasse ist notwendig, weil sie die Arbeiterklasse in ihren Kämpfen, aber auch die Sache des Sozialismus braucht.

„Gibt es keine Kampfpartei, müssen wir sie gründen", dichtete Heinz. R. Unger in der „Proletenpassion". Doch dies ist kein isolierter, punktueller Akt. Neben der gewissenhaften Vorbereitung bedarf eine solche Neuschaffung in weiterer Folge und fortlaufend des weiteren gezielten strukturellen Auf- und Ausbaus der Parteiorganisationen, der Entfaltung umfassender Tätigkeiten und Aktivitäten sowie der ständigen Auseinandersetzung mit der Analyse, Strategie und politischen Praxis der Partei. Es versteht sich zudem von selbst, dass eine neue revolutionäre Partei der Arbeiterklasse nicht per Deklaration zu einer solchen wird, sondern dass sie sich entwickeln wird und muss durch konsequente Arbeit in und mit der Klasse, durch aufrichtige Teilnahme an ihren Kämpfen, durch ehrliche Interaktion mit den Massen.

Das alles mögen keine einfachen Aufgaben sein. Aber sie sind unerlässlich, wenn die Arbeiterbewegung und die revolutionäre Bewegung für den Sozialismus auch in Österreich wieder auf die Beine kommen sollen. Am Rücken liegend oder kriechend kann man nicht kämpfen – nur im aufrechten Gang kann man die Reihen schließen und die Fäuste ballen.

Tibor Zenker

Otto Bruckner

Von der Kommunistischen Initiative zur revolutionären Partei der Arbeiterklasse

Referat auf der außerordentlichen Generalversammlung der Kommunistischen Initiative Österreich, Wien, 23. Juni 2012

„Lenin kritisierte an der jungen KPÖ einmal ‚die Illusion, dass eine Gruppe, die sich zum Kommunismus bekennt, ohne ernstlichen Kampf um den Einfluss unter den Massen zu einer Macht werden könne'. *Und das gilt es immer wieder zu beherzigen. Ohne eine Ausweitung des Einflusses kommunistischer und sozialistischer Ideen innerhalb der Arbeiterklasse wird es wenig bedeutsam sein, wer sich ‚kommunistisch' nennt.*

Wir stehen erst am Beginn einer umfassenden Krise des Kapitalismus, die mit dem Zusammenbruch des spekulativen Finanzsektors ihren Anfang genommen und mittlerweile alle Bereiche der Gesellschaft erreicht hat. Das Kapital hat die Weichen bereits dafür gestellt, dass es aus dieser Krise wiederum gestärkt hervorgeht. Die Regierungen sind mit ihren ‚Rettungspakten' bereits auf eine Krisensanierung, die eine weitere Umverteilung von den Armen zu den Reichen bedeutet, eingeschworen. Unsere Aufgabe ist es, diese Zusammenhänge sichtbar zu machen und Alternativen zu entwickeln. [...] Ich möchte an dieser Stelle aus einem Brief zitieren, den Johann Koplenig im Namen des ZK der KPÖ im Jahr 1940 an die illegalen Kader in Österreich schrieb:

‚Es ist viel einfacher, in engen Zirkeln über dramatische Aktionen zu philosophieren, als unermüdlich unter den Massen zu arbeiten, allmählich ihre Schwankungen, ihr Zaudern und ihre Irrtümer zu überwinden, an ihre täglichen Sorgen anzuknüpfen und ihnen klar zu machen, dass es auch in den gegenwärtigen Verhältnissen notwenig und möglich ist, zu kämpfen und bestimmte Forderungen durchzusetzen. Nur in diesen täglichen Kämpfen aber, mögen sie anfangs auch um scheinbar unbedeutende Fragen gehen, können wir das Gewaltige vollbringen: die Arbeiterklasse tatsächlich zu organisieren, sie mit dem Vertrauen zu ihrer eigenen Kraft erfüllen und sie dadurch fähig zu machen, sich eines Tages in ihrer ganzen Größe zu erheben.'

Das ist unsere wichtigste und vordringlichste Aufgabe: Arbeiten in unserer und mit unserer Klasse. Jeder Genosse und jede Genossin hat seine und ihre eigenen Sorgen und Nöte um Arbeit, Studium, Wohnung, Familie, Gesundheit und vieles mehr. Nicht jede und nicht jeder von uns kann zu jeder Zeit alles geben und voll an der gemeinsamen Sache mitarbeiten. Der ernsthafte und beharrliche Aufbau einer kommunistischen Organisation erfordert aber, dass vorübergehende Schwächen und Ausfälle kompensiert werden können, dass jeder und jede das tut, was er oder sie beitragen kann, und dass wir das große, gemeinsame Ziel immer vor Augen haben.

Zur Entstehung der kommunistischen Bewegung in Österreich sagte Koplenig: ‚Sie entstand nicht aus Selbstzweck, sondern weil die Arbeiterklasse sie brauchte.' – *Wir müssen jeden Tag daran arbeiten, dass man über die KI eines Tages dasselbe sagen kann."*

Bis hierher habe ich aus meinem Rechenschaftsbericht an die vierte Generalversammlung der Kommunistischen Initiative am 17. Jänner 2009 zitiert. Das war jene Generalversammlung, auf der wir uns entschlossen haben, bei den Arbeiterkammer-Wahlen im Mai 2009 in Wien anzutreten.

Was hat sich seither verändert und was konnte die KI seit ihrer Gründung überhaupt bewirken?

Auf dieser Generalversammlung haben wir uns mit großer Mehrheit für die Beteiligung an den AK-Wahlen 2009 entschieden, die auch als Maßnahme zur Hinwendung der gesamten Organisation zur Klassen- und Interessenspolitik gedacht war.

Viel Kleinmütigkeit und Verzagtheit schlug uns da anfangs entgegen, und es dauerte eine Weile, bis sich dies änderte. Der Aufbau der Kommunistischen Gewerkschaftsinitiative – International (KOMintern) und der folgende Einzug in die AK Wien mit einem Mandat waren die entscheidenden Wegmarken, welche die KI objektiv vom Image der weltfremden K-Gruppe abhoben und den Grundstein für die Weiterentwicklung zur Arbeiterpartei legten.

Daraus erwuchsen aber auch neue Herausforderungen. Komintern ist heute kein Wahlbündnis mehr, sondern eine eigenständige Organisation, die auch viele Kräfte der KI bindet, und das zu Recht. Wir mussten diese neue Aufgabe ernst nehmen und uns ihr stellen.

Hatten wir in der Anfangsphase unseres Bestehens als KI noch in erster Linie die Aufgabe, uns als antiimperialistisch-kommunistische Kraft zu etablieren – der Höhepunkt war die Demonstration gegen den Bush-Besuch –, so stellen wir seit Jahren ein Abflauen dieser Aktivitäten und damit auch unseres Einsatzes in diesem Bereich fest.

Die entscheidenden sozialökonomischen Protestbewegungen seit 2005 fanden mit unserer Beteiligung statt, manche davon haben wir mitinitiiert.

Unsere schlichte Existenz hat auch dazu beigetragen, dass die Kommunistische Jugend (KJÖ) und der Kommunistische StudentInnenverband (KSV) – von der KPÖ finanziell und organisatorisch ausgehöhlt – wieder Fuß fassen und sich neu aufstellen konnten.

Wir gründeten Vereine, bei denen missliebige steirische KPÖ-Angestellte nach ihrer Kündigung durch den Bundesvorstand vorübergehend angestellt werden konnten, heute sind sie bedeutende Mandatare.

Wir initiierten die Bündnis-Demos zum 1. Mai in Wien, wir begleiteten die ersten beiden Antifa-Demos in Braunau mit massivem Ordneraufgebot, wir führten viele alte Traditionen der kommunistischen Bewegung in Österreich wieder ein, so auch die Oktoberfeiern.

Wir konnten gerade in letzter Zeit eine zunehmende Anerkennung auch auf internationaler Ebene feststellen, das belegt die Intensivierung der Kontakte etwa zur KP Kubas, zur KP Griechenlands, zur Ungarischen Kommunistischen Arbeiterpartei oder auch zur Partei der Arbeit der Schweiz.

Freilich, eine Partei wie wir sie wollen, muss mehr sein.

Und hier sehe ich folgende Einwände, die sich vor allem in drei Kategorien zusammenfassen lassen.

1.) Die einen, die uns sagen: Ihr seid viel zu klein, ihr müsst erst viel größer werden, um eine Partei zu gründen. Die KI war schon stärker, aus der Position der Schwäche heraus kann man keine Partei gründen.

2.) Die anderen, die uns sagen: Ihr dürft das nicht jetzt machen, ihr müsst warten, bis die Zeit reif ist, und sich ML-Kräfte auch aus der KPÖ Steiermark, aus KJÖ und KSV etc. herausentwickeln und mit euch gehen.

3.) Die Schriftgläubigen, die sagen, wenn ihr kein auf den Punkt und Beistrich ausformuliertes Programm habt, dann könnt ihr sowieso keine Partei gründen.

Zu diesen Einwänden sei nochmals wiederholt, was Tibor Zenker schon auf unserer Generalversammlung im Jänner 2012 feststellte:

„Die Zeit der Sammlung der marxistisch-leninistischen Kräfte in Österreich im Rahmen der KI und in ihrem Umfeld ist als beendet zu betrachten, egal ob man nun mit dem quantitativen Resultat zufrieden ist oder nicht. Es werden absehbar keine weiteren ML-Kräfte zur KI stoßen, obgleich es solche gewiss noch in Teilen der KPÖ gibt – diese haben sich jedoch aus unterschiedlichen Gründen anders entschieden und sie werden ihre Entscheidungen auch nicht mehr ändern, wenn nichts Unvorhergesehenes geschieht. Diese Tatsache ist unsererseits zur Kenntnis zu nehmen, ob es uns nun gefällt oder nicht.

Es ist daher an der Zeit, dass die KI in die zweite Etappe ihrer eigenen Entwicklung tritt, in der es um nichts anderes gehen kann als um die Schaffung einer revolutionären Partei der Arbeiterklasse auf den Grundlagen des Marxismus-Leninismus, der Arbeiterpolitik, des Klassenkampfes und des Antiimperialismus. Dieses Ziel wird nicht erreicht durch die bloße Umbenennung und rechtliche Umwandlung der KI in eine Partei, sondern letztlich nur um den Preis ihrer Auflösung zugunsten einer neuen Formation.“

Zu den subjektiven Möglichkeiten führte er aus:

„Die KI stagniert und es fehlt ihr an Perspektiven, auch wenn wir in verschiedenen Dokumenten solche festgehalten haben (übliche Formulierung: ‚Beitrag zur Herausbildung einer kommunistischen Kampfpartei der Arbeiterklasse, die auf dem Boden des Marxismus-Leninismus steht'). Faktum ist: Es gibt in Österreich – abgesehen von Jugendorganisationen – keine anderen organisierten Kräfte, mit denen wir diesbezüglich zusammenarbeiten könnten, und es wird uns auch kaum jemand dabei helfen.

***KJÖ** und **KSV** sind Nachwuchsorganisationen, die sich nur bedingt in eine Parteigründung einschalten können, ein Teil hängt ja auch an der KPÖ Steiermark. Vermutlich wird diese Unabhängigkeit und Doppelorientierung von KJÖ/KSV aufrechtzuerhalten sein. KJÖ/KSV-Mitglieder in Wien, Niederösterreich, Burgenland, Salzburg und Oberösterreich müssen in die Parteientwicklung der KI eingebunden sein bzw. zur Mitarbeit animiert werden.*

*Die **KPÖ Steiermark** hat gewiss kein Interesse, gemeinsam mit der KI eine neue Partei zu schaffen, schließlich ist ‚KPÖ' ihr Erfolgslabel. Außerdem sind bestimmende Leute in der KPStmk nach wie vor gegen die KI eingestellt – dies muss endlich außer Zweifel gestellt werden, Illusionen und Phantomschmerzen sind lähmend. In Wahrheit wird die KPStmk früher oder später auch formell wieder in die Gesamt-KPÖ zurückgeführt werden.*

*Natürlich gar keine Impulse sind aus der Rest-KPÖ (**KPÖ-Bund**) zu erwarten. Was es aber auch in absehbarer Zeit nicht geben wird, das ist die Aufgabe des Namens, d.h. des Wortes ‚kommunistisch' in der Parteibezeichnung.*

*Die **türkischen-kurdischen ML- bzw. maoistischen Gruppen** haben kein Interesse und auch keinen Handlungsspielraum in Richtung gemeinsamer Partei – die gemeinsame AK- und Gewerkschaftsarbeit ist das Maximum. Hier spielen auch ideologische Differenzen eine Rolle.*

*Mit **IA-RKP** und **RKJV** gibt es mitunter mehr Trennendes als Gemeinsames – beide sind glücklich mit ihrem Sektendasein. Die **KOMAK-ML** nähert sich der KI zwar offenbar an, bringt aber keine quantitativen Ressourcen.*

*Die **SJ-Stamokap** ist real kaum noch existent und mehr oder minder weitgehend mit der SJ Schwechat identisch. Die Führungspersonen haben sich klar für die Arbeit in der SPÖ deklariert und dies auch umgesetzt. Die meisten Einzelpersonen tauchen aber schlichtweg ins Private unter.*

Vor diesem Hintergrund muss sich die KI neu aufstellen, mit ihrer bisherigen Geschichte abschließen und eine neue Etappe beginnen. Die KI ist künftig nicht mehr die bessere Alternative zur KPÖ, sondern etwas anderes. Aus zwei Gründen:

1. So gut wie alle Marxisten-Leninisten, die aus der KPÖ zu haben waren, sind bereits in der KI. Neue Mitglieder aus dem kommunistischen Bereich kommen nur aus der KJÖ und sind Menschen, die nie KPÖ-Mitglieder waren.

2. Für normale Menschen sind die Unterschiede zwischen KPÖ und KI nicht fassbar – das gilt nicht nur für Wahlen, wo zwei kommunistische Gruppen antreten und sich immer der Schmied gegen den Schmiedl durchsetzt (GR-/BVW, ÖH-Wahlen), sondern auch für den täglichen Gebrauch und Kontakt.

Es sollte nicht mehr so aussehen, dass die KI nur eine radikale KPÖ-Abspaltung ist, sie muss etwas Neues sein. Die Zeit der Sammlung der marxistisch-leninistischen Kräfte ist vorbei, diese sind bereits gesammelt."

Wir gehen also nicht bloß den Weg einer rechtlichen oder gar nur namentlichen Umwandlung der KI, nein, wir gehen den Weg einer gänzlichen *„Auflösung zugunsten einer neuen Formation"*.

Und an dieser Stelle einige Überlegungen, welche Aufgaben und Funktionen eine solche gänzlich neue Formation, eine revolutionäre Partei der Arbeiterklasse, eine marxistisch-leninistische Partei, haben muss. Diese Überlegungen sind ein Substrat aus vielen Beschlüssen, Artikeln und Schriften, die wir in den letzten Jahren verfasst haben, ergänzt um einige persönliche Überlegungen und Erfahrungen.

Vorweg: Es geht uns nicht um die Schaffung einer Partei, die den bestehenden – auch den sogenannt „Linken" oder den deformierten

„kommunistischen“ – auch nur irgendwie ähnelt. Dieser alltägliche Lärm um nichts interessiert uns nicht.

Es geht uns um einen ganz anderen Gedanken: Die kapitalistische Gesellschaft existiert auf der Grundlage ihrer Klassenteilung: Hier die Besitzenden, die den Reichtum anhäufen, obwohl sie nicht arbeiten, dort die Arbeitenden, die den Reichtum schaffen, ihn aber nicht erhalten. Wer eine Veränderung dieser Verhältnisse anstrebt, muss sich organisieren, genauer gesagt: gut organisieren. Denn die Absicherung der kapitalistischen Herrschaft erfolgt nicht nur über den Staat. *„Der Staat war nur ein vorgeschobener Schützengraben, hinter welchem sich eine robuste Kette von Festungen und Kasematten befand“*, fasste der italiensche kommunistische Parteiführer und Philosoph Antonio Gramsci seine Beobachtungen der kapitalistischen Herrschaftstechniken anlässlich der „Weltwirtschaftskrise“ 1929 zusammen. Diesen weit über den Staat hinausgehenden Verteidigungskomplex des Kapitalismus beschrieb er als *„Superstrukturen der Zivilgesellschaft“*, worunter die meisten Parteien, die Medien, der herrschende Kulturbetrieb, Interessensverbände und vieles mehr zu verstehen sind.

Will die Arbeiterklasse gegen diese „Superstrukturen“ etwas ausrichten, so muss sie sich gut organisieren, in einer eigenen Partei, die nur ihren Interessen dient, die nur von ihr kontrolliert wird, ausgehend von der Erkenntnis im „Kommunistischen Manifest“ von Marx und Engels: *„Von allen Klassen, welche heutzutage der Bourgeoisie gegenüberstehn, ist nur das Proletariat eine wirklich revolutionäre Klasse. Die übrigen Klassen verkommen und gehen unter mit der großen Industrie, das Proletariat ist ihr eigenstes Produkt.“*

Mit unserer Neugründung setzen wir die besten Traditionen der österreichischen Arbeiterbewegung fort, die ihre Meilensteine in der Gründung der Sozialdemokratie 1888/89 und der KPÖ 1918 hatte. Die Sozialdemokratie ist heute nichts anderes als der Erfüllungsgehilfe des Kapitals, wenn auch da und dort mit gewissen sozialen Ansprüchen; und die KPÖ ist ein von der Arbeiterklasse entfernter „zivilgesellschaftlicher“ Allerweltsverein geworden.

Also ist es an der Zeit, dass die Arbeiter und Arbeiterinnen und die mit ihnen verbündeten Schichten der Bevölkerung wieder eine eigene, kämpferische Partei bekommen. Und diesen Schritt setzen wir.

Zum Charakter der zu schaffenden Partei möchte ich einige Punkte festhalten, wobei ich mich zum Teil an eine Arbeit Tibor Zenkers aus dem Jahr 2007 anlehnen kann, in der er die Frage stellte „Welche Partei ist links der Sozialdemokratie notwendig?“

Die neue Partei soll eine antikapitalistische Partei sein. – Der Kapitalismus ist *„gekennzeichnet durch die Warenproduktion mittels kapitalistischer Lohnarbeit, wobei die Arbeitskraft selbst Ware ist. Hierfür ist das Privateigentum an Produktionsmitteln seitens der Kapitalisten entscheidend. Seitens dieser Eigentümer bedeutet die Aneignung des Mehrwerts eine stetige, weitere Kapitalakkumulation“*, d.h. letztlich die Anhäufung immer größerer Reichtümer; *„seitens der Besitzlosen, der arbeitenden Menschen, bedeutet dies die Unveränderlichkeit ihrer Situation. Sie erhalten bloß, was sie zur Reproduktion“*, d.h. zur Wiederherstellung und Aufrechterhaltung *„ihrer Arbeitskraft benötigen“*, ihrer Arbeitsfähigkeit, was ja Voraussetzung der Kapitalakkumulation ist. – Wir wollen diese ungleichmäßige Verteilung des gesellschaftlichen Reichtums nicht nur zugunsten der arbeitenden Menschen verbessern, wir wollen die Grundlage dieser ungleichen Verteilung nachhaltig überwinden: den Kapitalismus selbst. D.h. es ist notwendig, das Privateigentum an Produktionsmitteln abzuschaffen und durch gesellschaftliches Eigentum zu ersetzen. Wir Kommunisten stellen daher nicht nur die soziale Frage im Rahmen des Kapitalismus, sondern wir stellen die Eigentumsfrage. Wir beschränken uns nicht auf Kapitalismuskritik, sondern unser strategisches Ziel ist die Überwindung des Kapitalismus.

Sie soll eine Arbeiterpartei sein. – Die Überwindung des Kapitalismus bedeutet die Aufhebung der kapitalistischen Lohnarbeit, welche die Grundlage des Kapitalismus ist. Es wird dies das Werk der Arbeiterklasse, des Proletariats, sein, der revolutionären Klasse im Kapitalismus. Ihre eigene Befreiung von den Fesseln der kapitalistischen Lohnarbeit wird Voraussetzung zur Befreiung der gesamten Menschheit sein. Möchte man also die kapitalistische Lohnarbeit überwinden und die Eigentumsverhältnisse auf den Kopf stellen, möchte man den *„Übergang der Arbeitsmittel in den gemeinschaftlichen Besitz der Gesamtheit des arbeitenden Volkes“* erreichen, so ist es dazu notwendig *„das Proletariat politisch zu organisieren, es mit dem Bewusstsein seiner Lage und seiner Aufgabe zu erfüllen, es geistig und physisch kampffähig zu machen und zu erhalten“*, wie es in der Hainfelder Grundsatzerklärung der österreichischen Sozialdemokratie 1888/89 treffend hieß. Die Kommunisten, schrieben Marx und Engels im „Kommunistischen Manifest“, *„haben keine von den Interessen des ganzen Proletariats getrennten Interessen. Sie stellen keine besonderen Prinzipien auf, wonach sie die proletarische Bewegung modeln wollen.“* Sie zeichnet bloß das eine aus: *„sie haben theoretisch vor der übrigen Masse des Proletariats die Einsicht in die Bedingungen, den Gang und die allgemeinen Resultate der proletarischen Bewegung voraus.“* Unsere neue Partei darf nicht einfach eine Partei für die Arbeiter sein, die anstelle der Arbeiter deren Interessen vertritt und ihnen eine Stimme „verleiht“, sondern sie muss daran arbeiten, organisch eine Partei der Arbeiter zu sein, die es dem bewusstesten Teil der Arbeiterklasse ermöglicht, selbst seine Stimme zu erheben. Das Ziel muss sein, die Arbeiterklasse zu ermutigen und es ihr strukturell zu ermöglichen, sich zu organisieren, zu bilden und aktiv in Politik und Gesellschaft einzugreifen, selbst die eigenen Interessen und Bedürfnisse zu verteidigen und für diese zu kämpfen.

Sie soll eine revolutionäre Partei des Klassenkampfes sein. – So sehr sich die Arbeiterklasse zunächst defensiv gegen die schlimmsten Auswüchse des Kapitalismus zur Wehr setzen muss, so ist ein offensives Vorwärtsschreiten nötig. Wir kämpfen daher vehement für Reformen, die tatsächliche Verbesserungen für die Arbeitenden bedeuten, ja wir müssen sogar die eifrigsten und konsequentesten Kämpfer für positive Reformen sein, weit mehr als rein reformistische Organisationen. – *„Doch alle Reformen sind nur Stützpunkte auf dem Weg zur völligen Emanzipation der Arbeiterklasse. Diese Emanzipation wird weder über eine Kette von Reformen“*, d.h. über ein langsames Hineinwachsen in den Sozialismus und die Transformation des Kapitalismus, *„noch über den bürgerlichen Parlamentarismus, d.h. über Wahlen, zu erreichen sein.“* Die Kapitalisten werden ihre Macht nicht nur nicht freiwillig abgeben, sondern für deren Erhalt mit allen Mitteln kämpfen. Ja, selbst Reformen, die den Profit und die politische Macht des Kapitals ernsthaft einschränken, werden nicht von den Mächtigen erbettelt oder „sozialpartnerschaftlich harmonisch“ ausverhandelt werden können, sondern schon diese müssen von der Arbeiterklasse erkämpft werden. Das Mittel und die Triebkraft gesellschaftlicher Veränderung ist der Klassenkampf. – Daher ist unsere neue Partei eine revolutionäre Partei, die auf dem Wege des politischen, ökonomischen und ideologischen Klassenkampfes und dessen integralen Höhepunktes, der sozialen Revolution der Arbeiterklasse, die Herrschaft der Kapitalisten stürzen, den Kapitalismus überwinden, die organisierte politische Herrschaft der Arbeiterklasse errichten und den Sozialismus aufbauen will.

Sie soll eine antiimperialistische und internationalistische Partei sein. – Durch die im Kapitalismus angelegte, ständig erweiterte Akkumulation des Kapitals, d.h. durch die Anhäufung immer größerer Reichtümer durch die Kapitalisten, kommt es zur Konzentration und Zentralisation des Kapitals, in den wichtigsten ökonomischen Bereichen bilden sich Monopole. *„Deren gesetzmäßige Herausbildung ist das Hauptmerkmal des gegenwärtigen Kapitalismus, des Monopolkapitalismus oder Imperialismus. Weitere Merkmale des imperialistischen Stadiums des Kapitalismus sind die Bedeutungssteigerung der Banken und das Verwachsen der Monopole im Industrie- und Finanzbereich, die gestiegene Bedeutung des Kapitalverkehrs gegenüber dem Warenverkehr, sowie die Aufteilung der Welt unter die Monopolverbände und ihre imperialistischen Staaten. Eine Änderung dieser Aufteilung, eine Neuaufteilung, ist in der Regel nur noch gewaltsam möglich. Der Imperialismus zeigt markante Widersprüche, so vor allem den Gegensatz zwischen den imperialistischen Zentren und den abhängigen Ländern der Peripherie ..., den Gegensatz des Monopolkapitals zu breiteren, ... allen nichtmonopolistischen Gesellschaftsschichten über die Arbeiterklasse hinaus ... sowie den Gegensatz zwischen den einzelnen imperialistischen Staaten und ihren Monopolen, die untereinander um Einflusssphären, Marktanteile, Rohstoffe und billige Arbeitskräfte kämpfen. In der Praxis bedeutet das alles Repression im Inneren, Aggression nach außen, es bedeutet militärische, kriegerische Aggressionen der Imperialisten, die systematische politische, soziale und ökonomischen Unterdrückung der rückständigeren Länder durch die ‚fortgeschrittenen Industrienationen' Nordamerikas und Westeuropas, innerhalb der imperialistischen Staaten bedeutet dies zudem eine stetige Entdemokratisierung (die Monopole streben ... auch nach politischer Alleinherrschaft, im Zweifelsfall nach der faschistischen Diktatur). Dass sich gegen diese Allmacht der Monopole und die Aggressionen der imperialistischen Staaten immer wieder Widerstand erhebt, ist logisch, doch auch dieser Kampf muss organisiert geführt werden."* – Die neue Partei ist folgerichtig antiimperialistisch ausgerichtet, sie ist antimonopolistisch und antifaschistisch, was nur andere Formen desselben Kampfes sind. Sie bekämpft die Herrschaft der Monopole im Inneren des österreichischen Staates und der EU, sie bekämpft den Weltimperialismus global in antiimperialistischer Solidarität mit den unterdrückten Nationen. In diesem Sinne ist sie auch eine zutiefst internationalistische Partei, die sich als Teil einer Weltbewegung versteht. Dem Imperialismus als Weltsystem ist eine globale antiimperialistische Front entgegenzustellen, deren konsequentesten Kräfte die kommunistischen Parteien sind.

Sie soll eine flexible und bewegliche Partei sein. – Unser strategisches Ziel ist die Errichtung der sozialistischen Gesellschaft. Um dieses Ziel zu erreichen, müssen wir alle Formen des politischen, ideologischen und ökonomischen Kampfes beherrschen und auch zur richtigen Zeit anzuwenden wissen. So sehr unsere neue Partei *„in ihrer Ausrichtung eine zutiefst prinzipienfeste Partei sein muss, so muss sie taktisch flexibel agieren. Nichts ist schädlicher für die Erreichung des strategischen Zieles, als die Aufgabe der Festlegung der richtigen Taktik gegenüber der ‚reinen Lehre' gering zu schätzen."* Wir müssen uns *„nicht nur vor dem rechten Revisionismus schützen, sondern auch vor dem dogmatischen Linksradikalismus. Richtige taktische Ansätze ergeben sich nur aus der konkreten Analyse zu einem bestimmten Zeitpunkt und unter bestimmten Bedingungen. Es wäre absurd, auf taktische Manöver, zweckmäßige Methoden, flexible Strukturen und sinnvolle Etappenziele zu verzichten, bloß um in ängstlicher Weise dem Wortlaut dieser oder jener theoretischen Schrift, dieses oder jenes programmatischen Dokuments auf Punkt und Beistrich zu genügen. Eine lebendige kommunistische Partei muss ihre Taktik anhand der Realität festlegen, nicht anhand von Wunschdenken. Sie muss, in Übereinstimmung mit dem strategischen Ziel, ihre Tätigkeit aus der Praxis entwickeln, anhand dieser weiterentwickeln, überprüfen und immer wieder erneuern."*

Sie soll eine bündnisfähige Partei sein. – Wir dürfen uns *„nicht in sektiererischer Weise isolieren, sondern müssen immer bündnisfähig bleiben, ja oft das verbindende Glied darstellen. Jede Bündniskonstellation beruht auf der konkreten Übereinkunft, nicht auf dem weiträumigen Zusammenfallen von Positionen"* – wir wollen uns nicht anmaßen, in einer solchen Situation über die konkrete Übereinkunft hinaus besserwisserisch und maßregelnd aufzutreten. Wir betreiben eine flexible Bündnispolitik, wir unterstützen alles, was positiv ist, ohne Angst oder Vorbehalte gegenüber punktuellen Verbündeten. – Im Großen streben wir *„eine Dynamik an, die ein antimonopolistisches Bündnis entstehen lässt, in dem Kräfte zusammenarbeiten, die für eine Volksbewegung für sozialen Fortschritt, Demokratie und*

Frieden stehen. Doch auch ein solches Bündnis ist nicht starr aufzufassen, sondern in der Zusammensetzung wechselnd – die verbindende, konsequente und treibende Kraft müssen die Kommunisten selbst sein, ohne natürlich in einem solchen Bündnis aufzugehen oder Grundsätze aufzugeben. Die objektive Möglichkeit für die Schaffung eines antimonopolistischen und antiimperialistischen Pols in der Gesellschaft ist der Imperialismus selbst, ist der Gegensatz breitester Gesellschaftsschichten zum Monopolkapital, das diese unterdrückt und ausbeutet. Eine solche Bewegung hat vorrangig außerparlamentarischen Charakter. Für die Kommunisten sind Mandate in bürgerlichen Vertretungskörpern vorrangig weitere Mittel des politischen Kampfes und Positionen zur Agitation. Die bürgerlichen Parlamente sind kein Mittel der sozialistischen Revolution.“ Dennoch streben wir Wahlteilnahmen – in Bündnissen oder alleine – an, denn bereits jede Wahlauseinandersetzung muss als Teil der politischen, agitatorischen Arbeit verstanden werden.

Sie soll stets die Verbindung mit den Massen suchen. – Unsere neue Partei *„ist kein Geheimzirkel und kein Debattierklub, sondern eine Partei der gesellschaftlichen Praxis.“* Unsere Partei *„ist kein Selbstzweck, sondern sie steht für Politik nicht nur für, sondern mit den einfachen Menschen.“* Wir arbeiten für die Mobilisierung, Aufklärung, Schulung und Organisierung der arbeitenden Massen. Hierfür setzen wir bei den konkreten Bedürfnissen und Problemen der Menschen an, wir versuchen, die scheinbaren Individualinteressen zu verallgemeinern. Wir stehen immer auf der Seite der Unterdrückten, wie groß oder klein auch deren Probleme erscheinen. Wir sind uns auch bewusst, dass die konkreten Bedürfnisse und Probleme der Menschen sich in ihrer Artikulation und Erscheinungsform nicht immer in „reiner“ Weise mit jedem kommunistischen Programm oder mit der präzisen marxistischen Terminologie decken. Wir müssen daher auch die Sprache der arbeitenden Menschen sprechen und fähig sein, die Dinge so zu erklären, dass die Betroffenheiten verständlich sind. Hierfür bedarf es nicht immer eine theoretischen Welterklärung, sondern zumeist konkreter und verständlicher Antworten, die die Menschen befähigen, selbst ihre Lage umfassender zu erfassen und aktiv zu werden. Die Kommunisten haben *„den Massen bloß die Einsicht in die gesamtgesellschaftlichen Verhältnisse, Zusammenhänge, Prozesse und Perspektiven voraus.“* Sie müssen *„diese Tatsache dazu nützen, Weg und Ziel, Methoden und Lösungen anzubieten. Nur wenn auf diese Weise unter den Massen* *hegemoniale Ansichten entstehen, wird die kommunistische Idee zur materiellen Gewalt.“*

Sie soll eine prinzipienfeste Partei sein. – Unsere Partei wird eine klare ideologische Grundlage benötigen, um in der Praxis erfolgreich, zielsicher und seriös tätig zu sein und ihre Aufgaben zu erfüllen. Diese Grundlage besteht in den Grundpositionen des Marxismus-Leninismus. Das heißt, dass wir uns des Werkzeugs des dialektischen und historischen Materialismus bedienen, dass wir in den Mittelpunkt unserer Analyse das Marxsche Verständnis des Kapitalismus stellen und dieses durch Lenins Imperialismustheorie präzisieren. In der strategischen Ausrichtung orientieren wir uns an den Grundlagen der marxistisch-leninistischen Staats-, Revolutions- und Parteitauffassungen. Wir stellen uns in internationaler Solidarität und aller Klarheit hinter den antiimperialistischen Befreiungskampf der unterdrückten Nationen und treten vehement für deren Selbstbestimmungsrecht ein. Wir bekennen uns zur Rolle und Bedeutung der frühsozialistischen Staaten des 20. Jahrhunderts, ohne dabei aber auf die eigene kritische Auseinandersetzung und Analyse zu verzichten. Wir sind nicht zuletzt bestrebt, auf dieser ideologischen Grundlage, in Verteidigung und schöpferischer Weiterentwicklung des Marxismus-Leninismus, das Eindringen bürgerlicher Einflüsse und des Revisionismus in die revolutionäre Arbeiterbewegung zu verhindern.

Wer also der Meinung ist, wir hätten keinen Kompass und keine Karte, sondern wir würden nur eine Umbenennung der bereits bestehenden KI anstreben, der irrt gewaltig.

Die KI hat seit 2005 gute Dienste geleistet. Sie war ein Sammlungspunkt für die Marxisten-Leninisten, sie war der Punkt, von dem aus vieles erst gedacht werden kann, was wir heute denken. Und dafür möchte ich an dieser Stelle allen Mitstreiterinnen und Mitstreitern danken. Manche sind nur ein Stück mit uns gegangen und haben sich aus den verschiedensten Gründen zurückgezogen. Sie alle werden wir einladen, auch das Neue mit uns zu beginnen. Viel mehr noch müssen wir aber bestrebt sein, beim Aufbau der neuen Partei neue Kräfte anzusprechen, neue Generationen von Kommunistinnen und Kommunisten heranzubilden. Wir werden daran gehen, Basisstrukturen zu entwickeln, in manchen Regionen anfangs mit wenigen Leuten, in manchen mit mehr. Aber wir werden es tun. Und wir werden damit neue Kräfte ansprechen, die wir heute noch gar nicht kennen.

Jetzt beginnt ein neuer Weg. Jetzt beginnt der Aufbau einer neuen und bundesweiten kommunistischen Partei der arbeitenden Menschen, einer Partei, die sich als Teil der weltumspannenden kommunistischen und Arbeiterbewegung versteht, einer Partei, in der sich die besten Traditionen mit den besten Zukunftshoffnungen verbinden, einer Partei des historischen Optimismus und des langen Atems, einer Partei des Aufbruchs in die neue Welt ohne Ausbeutung, Unterdrückung und Krieg.

Für unser großes Vorhaben, das einem schon auch einmal zu kühn, zu gewagt vorkommen mag, möchte ich noch eine Widmung des Schriftstellers Michael Scharang für den großen österreichischen Kommunisten Ernst Wimmer zitieren:

In Gedenken an meinen Freund, den Kommunisten Ernst Wimmer

So sagte er zu mir, bei einer gebratenen Forelle,
Von ihm gefangen im Gebirgswasser des Ötschers,
Bei einem (einem?) Glas Blauen Portugieser,
Von ihm herbeigeschafft aus Tattendorf,
Wenn also wer Angst bekomme,
Die ganz große:
Die vor der eigenen Courage,
Weil er glaubt, zu weit gegangen zu sein,
Zu weit in der Kritik,
Zu weit weg vom Bestehenden,
Zu weit in der Polemik,
Zu weit hin zur Revolution,
So daß er glaube, die Antwort von Seiten der Macht:
Hohn, Haß, Boykott nicht mehr ertragen zu können,
Dann, sagte mein Freund,
Möge der, das sei ihm zugestanden,
In die Hose scheißen vor Angst,
Doch in die eigene, bitte,
nicht in die der Freunde.
Wenig, was mir mehr einleuchtete, wenig,
Woran lieber ich mich hielt.

Tibor Zenker

Historische und theoretische Grundlagen der marxistisch-leninistischen Partei

Sozialistische und kommunistische Organisationen im allgemeinen Sinn oder Arbeiterbünde und -vereine gab es bereits vor dem Auftreten von Karl Marx (1818-1883) und Friedrich Engels (1820-1895) als Begründer des wissenschaftlichen Sozialismus, des Marxismus. Es versteht sich von selbst, dass diese Organisationen theoretische, strategische und strukturelle Mängel aufweisen mussten, waren doch die hierfür nötigen Werkzeuge noch nicht entwickelt. Andererseits war die Herausbildung der modernen Arbeiterklasse als historische Größe erst ein Ergebnis der fortschreitenden und sich ausbreitenden industriellen Revolution.

Marx, Engels, der Bund der Kommunisten und das Kommunistische Manifest 1847-1852

Eine dieser „vormarxschen" Organisationen war der 1836 in Paris gegründete, später in London ansässige „Bund des Gerechten", der gemäß seiner zentralen Figur, Wilhelm Weitling, zunächst eine Art christlich motivierten, somit größtenteils utopistischen Sozialismus vertrat. Dies änderte sich 1847, als Marx und Engels in den Bund eintraten und mit ihrer materialistischen Geschichtsauffassung eine Mehrheit gewinnen konnten. Der Bund wurde umbenannt in „Bund der Kommunisten", reorganisiert und Marx und Engels wurden mit der Erarbeitung eines Programms beauftragt. Dieses Programm, das 1848 veröffentlicht wurde, war, wie bekannt sein dürfte, das „Manifest der Kommunistischen Partei", in dem die Grundzüge des Marxismus bereits entwickelt sind.

Und einige Grundzüge betreffen natürlich auch den Charakter, die Aufgaben und strukturelle Fragen bezüglich der Organisation selbst. Vorab sei jedoch noch erwähnt, dass der Bund keineswegs alle Anforderungen einer kommunistischen Partei, wie sie im Folgenden herausgearbeitet werden, tatsächlich erfüllt hat bzw. erfüllen konnte – sie sind daher teilweise als Zielsetzungen zu verstehen. Außerdem ist noch darauf hinzuweisen, dass das Wort „Partei" von Marx und Engels hier noch nicht im engen, streng-„juristischen" Sinn späterer und unserer Tage verwendet wird, sondern als Synonym für eine politische Strömung. Wir arbeiten aber heraus, was für eine Partei in unserer Terminologie relevant ist.

Ein Auszug aus dem Abschnitt „Proletarier und Kommunisten“:

„In welchem Verhältnis stehen die Kommunisten zu den Proletariern überhaupt?

Die Kommunisten sind keine besondere Partei gegenüber den andern Arbeiterparteien.

Sie haben keine von den Interessen des ganzen Proletariats getrennten Interessen.

Sie stellen keine besonderen Prinzipien auf, wonach sie die proletarische Bewegung modeln wollen.

Die Kommunisten unterscheiden sich von den übrigen proletarischen Parteien nur dadurch, daß sie einerseits in den verschiedenen nationalen Kämpfen der Proletarier die gemeinsamen, von der Nationalität unabhängigen Interessen des gesamten Proletariats hervorheben und zur Geltung bringen, andrerseits dadurch, daß sie in den verschiedenen Entwicklungsstufen, welche der Kampf zwischen Proletariat und Bourgeoisie durchläuft, stets das Interesse der Gesamtbewegung vertreten.

Die Kommunisten sind also praktisch der entschiedenste, immer weitertreibende Teil der Arbeiterparteien aller Länder; sie haben theoretisch vor der übrigen Masse des Proletariats die Einsicht in die Bedingungen, den Gang und die allgemeinen Resultate der proletarischen Bewegung voraus.

Der nächste Zweck der Kommunisten ist derselbe wie der aller übrigen proletarischen Parteien: Bildung des Proletariats zur Klasse, Sturz der Bourgeoisherrschaft, Eroberung der politischen Macht durch das Proletariat. Die theoretischen Sätze der Kommunisten beruhen keineswegs auf Ideen, auf Prinzipien, die von diesem oder jenem Weltverbesserer erfunden oder entdeckt sind.

Sie sind nur allgemeine Ausdrücke tatsächlicher Verhältnisse eines existierenden Klassenkampfes, einer unter unseren Augen vor sich gehenden geschichtlichen Bewegung. Die Abschaffung bisheriger Eigentumsverhältnisse ist nichts den Kommunismus eigentümlich Bezeichnendes.

Alle Eigentumsverhältnisse waren einem beständigen geschichtlichen Wandel, einer beständigen geschichtlichen Veränderung unterworfen.

Die Französische Revolution z.B. schaffte das Feudaleigentum zugunsten des bürgerlichen ab.
Was den Kommunismus auszeichnet, ist nicht die Abschaffung des Eigentums überhaupt, sondern die Abschaffung des bürgerlichen Eigentums.

Aber das moderne bürgerliche Privateigentum ist der letzte und vollendetste Ausdruck der Erzeugung und Aneignung der Produkte, die auf Klassengegensätzen, auf der Ausbeutung der einen durch die andern beruht.

In diesem Sinn können die Kommunisten ihre Theorie in dem einen Ausdruck: Aufhebung des Privateigentums, zusammenfassen."[1]

Was kann man hier alles herauslesen?

1. Die kommunistische Partei ist eine selbständige Arbeiterpartei, d.h. eine Partei der Arbeiterklasse, unabhängig vom liberalen Bürgertum und vom demokratischen Kleinbürgertum. Und es wird außerdem zur Kenntnis genommen: Es gibt auch andere Arbeiterparteien, die nicht kommunistisch, nicht marxistisch sind. Hierfür gibt es zwei Möglichkeiten:

„*Das Proletariat macht verschiedene Entwicklungsstufen durch ... Im Anfang kämpfen die einzelnen Arbeiter, dann die Arbeiter einer Fabrik, dann die Arbeiter eines Arbeitszweiges an einem Ort gegen den einzelnen Bourgeois, der sie direkt ausbeutet ... immer mehr nehmen die Kollisionen zwischen dem einzelnen Arbeiter und dem einzelnen Bourgeois den Charakter von Kollisionen zweier Klassen an. Die Arbeiter beginnen damit, Koalitionen gegen die Bourgeois zu bilden; sie treten zusammen zur Behauptung ihres Arbeitslohns.*

---

[1] Karl Marx/Friedrich Engels: Manifest der Kommunistischen Partei, MEW 4, S. 474f.

Sie stiften selbst dauernde Assoziationen, um sich für die gelegentlichen Empörungen zu verproviantieren ... Das eigentliche Resultat ihrer Kämpfe ist nicht der unmittelbare Erfolg, sondern die immer weiter um sich greifende Vereinigung der Arbeiter ... Es bedarf ... der Verbindung, um die vielen Lokalkämpfe von überall gleichem Charakter zu einem nationalen, zu einem Klassenkampf zu zentralisieren.“[2]

Das bedeutet: Die Arbeiter erkennen ihre gemeinsame Lage anhand der Arbeitssituation bzw. der Lohnabhängigkeit und Lohnentwicklung sowie anhand wiederkehrender Kämpfe, sie werden dadurch mit dem Bewusstsein ihrer Klassenlage durchdrungen. Sie können sich auf dieser Basis zusammenschließen und auch ständige Organisationen bilden. Allerdings wird eine solche Organisierung immer nur beschränkten Inhalt haben und rein ökonomischen-sozialen Kämpfen dienen. Diese Art der autonomen Selbstorganisierung wird und kann in aller Regel nicht über den „Trade-Unionismus“ hinauskommen, d.h. über eine zunächst nur gewerkschaftliche und somit auf politische Ebene übertragen reformistische Orientierung (z.B. die englischen Chartisten ab den 1830er Jahren).

Die andere Möglichkeit ist jene, wie gehört, mit den „Ideen“, die von irgendeinem „Weltverbesserer erfunden“ wurden. Eine solche Organisierung trifft auf jeden vormarxschen Sozialismus zu, auf die so genannten utopischen Vorläufer, aber auch auf den späteren Anarchismus und dergleichen. Es geht also um Wunschvorstellungssozialismus, wie es ein bürgerlicher, kleinbürgerlicher, christlicher Gelehrter oder Halbgelehrter ausgeheckt hat und die Arbeiter damit messianisch beglücken möchte – Marx und Engels setzen sich im dritten Abschnitt des Manifests mit einigen Varianten auseinander.

Für den Bund der Kommunisten unter Anleitung von Marx und Engels galt derartiges ab 1847/48 natürlich nicht: Die Kommunisten erhalten ihre Anschauungen aufgrund genauer Analysen der Geschichte, der Gesellschaft und der Ökonomie – und auch nur auf dieser Grundlage werden Prognosen gemacht und Strategien überlegt. Der Sozialismus wird damit zur Wissenschaft.

Daher der zweite Punkt, der festzuhalten ist:

---

[2] ebd., S. 470f.

2. Die Kommunisten wirken auf der Grundlage des wissenschaftlichen Sozialismus (des Marxismus) und unterscheiden sich dadurch von anderen Arbeiterparteien.

Damit verbunden ist der dritte Punkt:

3. Die Kommunistische Partei ist die Zusammenführung von Arbeiterbewegung und Marxismus.

Die Herleitung der Arbeiterbewegung hat Marx ein Jahr vor dem „Manifest" in der Schrift „Das Elend der Philosophie" folgendermaßen gegeben: *„Die ökonomischen Verhältnisse haben zuerst die Masse der Bevölkerung in Arbeiter verwandelt. Die Herrschaft des Kapitals hat für diese Masse eine gemeinsame Situation, gemeinsame Interessen geschaffen. So ist diese Masse bereits eine Klasse gegenüber dem Kapital*" – eine Klasse an sich, sagte man später –, *„aber noch nicht für sich selbst. In dem Kampf ... findet sich diese Masse zusammen, konstituiert sie sich als Klasse für sich selbst. Die Interessen, welche sie verteidigt, werden Klasseninteressen. Aber der Kampf von Klasse gegen Klasse ist ein politischer Kampf.*"[3]

Es geht daher um die Zusammenführung von ökonomischem und dem beschränkten politischen Kampf der Arbeiter einerseits und der nötigen Ideologie andererseits. Und das geht nicht von alleine, denn die Arbeiter entwickeln von selbst – siehe oben – in aller Regel bloß gewerkschaftliches bis reformistisches Bewusstsein, jedoch kein revolutionär-sozialistisches im marxistischen Sinn: Dieses und die gesamte Weltanschauung des Marxismus müssen in die Arbeiterklasse hineingetragen werden und werden es auch. *„Es werden ferner, wie wir sahen, durch den Fortschritt der Industrie ganze Bestandteile der herrschenden Klasse ins Proletariat hinabgeworfen oder wenigstens in ihren Lebensbedingungen bedroht. Auch sie führen dem Proletariat eine Masse Bildungselemente zu.*" Und außerdem *„geht ... ein Teil der Bourgeoisie zum Proletariat über, und namentlich ein Teil dieser Bourgeoisideologen, welche zum theoretischen Verständnis der ganzen geschichtlichen Bewegung sich hinaufgearbeitet haben.*"[4] – Womit sich Marx und Engels nicht unironisch eigentlich selbst beschreiben. Die Entwicklung des Mar-

---

[3] Karl Marx: Das Elend der Philosophie, MEW 4, S. 180-181

[4] Karl Marx/Friedrich Engels: Manifest der Kommunistischen Partei, MEW 4, S. 471f.

xismus – des Sozialismus auf wissenschaftlicher Grundlage – findet natürlich nicht in der Arbeiterklasse statt, sondern in der Intelligenz, im konkreten Fall durch einen akademischen Philosophen mit kleinbürgerlichem Familienhintergrund und durch einen Kapitalisten. Doch der Marxismus konnte nicht nur nicht in der Arbeiterklasse selbst entwickelt werden, sondern der kapitalistische Lohnarbeiter ist normalerweise auch nicht in der Lage – aufgrund des Bildungssystems, der Medienlandschaft, der vorherrschenden Meinung sowie der begrenzten Freizeit –, sich diese wissenschaftlich begründete Weltanschauung, die marxistische Theorie, revolutionäre Strategie von alleine anzueignen. Daraus folgt:

4. Das revolutionäre, sozialistische Bewusstsein muss unter den Arbeitern gezielt entwickelt, der Marxismus in die Arbeiterklasse hineingetragen werden.

Das ist ein äußerst wichtiger Punkt, denn hier wird vom Revisionismus (rechts wie „links") gerne eine Diskontinuität von Marx zu Lenin behauptet, was aber keineswegs der Fall ist. – Aber weiter: Welche Aufgaben hat nun die Kommunistische Partei?

5. Die Kommunistische Partei wirkt zunächst für die Aufklärung, Organisierung und Schulung der Arbeiterklasse.

6. Die Ziele der Kommunistischen Partei sind: Sturz der bürgerlichen Herrschaft auf dem Wege der Revolution, Errichtung der politischen Macht der als herrschende Klasse organisierten Arbeiterklasse, Aufhebung des kapitalistischen Privateigentums, dadurch Erreichung einer klassenlosen Gesellschaft. Die Kommunisten heben „die Eigentumsfrage ... als die Grundfrage der Bewegung hervor."[5]

Weiters von Bedeutung und bereits im „Manifest" begründet:

7. Die kommunistischen Parteien sind als nationale Parteien zu organisieren, aber natürlich internationalistische Parteien. („*Obgleich nicht dem Inhalt, ist der Form nach der Kampf des Proletariats gegen die Bourgeoisie zunächst ein nationaler.*"[6])

---

[5] ebd., S. 493
[6] ebd., S. 473

8. Die kommunistische Partei ist bündnisfähig, gibt dabei aber ihre Identität und ihr strategisches Hauptziel nicht auf. Dies wird anhand einiger relevanter Länder und Bewegungen im vierten Abschnitt, „Stellung der Kommunisten zu den verschiedenen oppositionellen Parteien", dargestellt. Conclusio: *„Mit einem Wort, die Kommunisten unterstützen überall jede revolutionäre Bewegung gegen die bestehenden gesellschaftlichen und politischen Zustände ... Die Kommunisten arbeiten endlich überall an der Verbindung und Verständigung der demokratischen Parteien aller Länder."*[7] – Aber: *„Sie* [die kommunistische Partei, Anm.] *unterläßt ... keinen Augenblick, bei den Arbeitern ein möglichst klares Bewußtsein über den feindlichen Gegensatz zwischen Bourgeoisie und Proletariat herauszuarbeiten, damit die ... Arbeiter sogleich die gesellschaftlichen und politischen Bedingungen, welche die Bourgeoisie mit ihrer Herrschaft herbeiführen muß, als ebenso viele Waffen gegen die Bourgeoisie kehren können, damit, nach dem Sturz der reaktionären Klassen ..., sofort der Kampf gegen die Bourgeoisie selbst beginnt."*[8]

9. Die kommunistische Partei ist – unter entsprechenden Bedingungen freilich – kein konspirativer Geheimbund, der nur im Verborgenen agiert, sondern sie soll eine Organisation zur Massenagitation und zum Massenkampf sein. Trotzdem muss – und das ist ebenso wichtig –, je mehr sich der Klassenkampf zuspitzt, mit Perioden der Illegalität und schärfsten Verfolgung gerechnet werden.

10. Die Kommunistische Partei ist im Inneren klar strukturiert und demokratisch. – Nicht im Manifest dargelegt, aber Engels schrieb 1885 in seiner „Geschichte des Bundes der Kommunisten": *„der Bund organisierte sich in Gemeinden, Kreise, leitende Kreise, Zentralbehörde und Kongreß ... Die Organisation selbst war durchaus demokratisch, mit gewählten und stets absetzbaren Behörden und hiedurch allein allen Konspirationsgelüsten, die Diktatur erfordern, ein Riegel vorgeschoben und der Bund – für gewöhnliche Friedenszeiten wenigstens – in eine reine Propagandagesellschaft verwandelt. Diese neuen Statuten – so demokratisch wurde jetzt verfahren – wurden den Gemeinden zur Diskussion vorgelegt, dann auf dem zweiten Kongreß nochmals durchberaten und von ihm definitiv am 8. Dezember 1847 angenommen."*[9] – Nochmals zur Struktur: Es gibt

[7] ebd., S. 493
[8] ebd., S. 492-493
[9] Friedrich Engels: Zur Geschichte des Bundes der Kommunisten, MEW 21, S. 215

mit den Gemeinden örtliche Grundorganisationen, die regional Kreise bilden, Vertreter der Gemeinden fungieren als Kreisbehörde. Mehrere Kreise stehen unter einem leitenden Kreis, der vom Kongress bestimmt wird. Dieser Kongress ist als eine Art Delegiertenparteitag das legislative Organ des Bundes, die Zentralbehörde ist das Exekutivorgan. Letztlich sind im Bund durch Marx und Engels bereits durchaus relevante Grundzüge des demokratischen Zentralismus entwickelt, aber zu diesem Thema kommen wir noch separat.

Man sieht, das ist schon eine ganze Menge, was man alleine anhand des Kommunistischen Manifests herausfiltern kann, obwohl dieses sehr früh im Wirken von Marx und Engels entstanden ist. Und interessanter Weise sind da auch Dinge dabei, die heutige Revisionisten gerne nur Lenin zuschreiben, während Marx angeblich ja niemals derartiges vertreten hätte.

Der Bund der Kommunisten jedenfalls, dessen Mitglieder v.a. in Deutschland während der Revolutionsjahre ab 1848 keineswegs eine unbedeutende Rolle spielten, hatte sich durchaus nach gegebenen Möglichkeiten bewährt, wie Marx und Engels in ihrer „Ansprache der Zentralbehörde an den Bund“ (1850) feststellten: *„einmal dadurch, daß seine Mitglieder an allen Orten energisch in die Bewegung eingriffen, daß sie in der Presse, auf den Barrikaden und Schlachtfeldern voranstanden in den Reihen der allein entschieden revolutionären Klasse des Proletariats*“, andererseits dadurch, dass *„die früher vom Bunde nur im geheimen propagierte Auffassung der heutigen Gesellschaftszustände jetzt im Munde der Völker ist und auf den Märkten öffentlich gepredigt wird.*“[10] – Gleichzeitig musste jedoch eine faktische Lockerung der Strukturen konstatiert werden, was eine straffe Reorganisation nötig machte. Diese hatte aber keinen nachhaltigen Erfolg und der Bund wurde 1852 aufgelöst, was durchaus exemplarisch für den vorübergehenden Niedergang der internationalen organisierten Arbeiterbewegung 1848-1864 ist.

Die Internationale Arbeiterassoziation 1864-1876

In den Jahren danach, wie bekannt sein dürfte, widmete sich Marx vermehrt der politischen Ökonomie, was, über einige Zwischen-

[10] Karl Marx/Friedrich Engels: Ansprache der Zentralbehörde an den Bund, MEW 7, S. 244

schritte, schließlich 1867 in der Veröffentlichung des ersten Bandes des „Kapitals“[11] gipfelte. Das bedeutet aber keineswegs, dass sich Marx und Engels nicht durchaus weiter mit Organisationsfragen der Arbeiterbewegung befasst hätten, im Gegenteil, sie griffen auch weiterhin ganz praktisch in diese ein.

Als zentrales Ergebnis wurde am 28. September 1864 in London die „Internationale Arbeiterassoziation“ (IAA) gegründet, heute v.a. als „Erste Internationale“ bekannt. Marx wurde Mitglied im zentralen Leitungsgremium, im Generalrat der IAA, und verfasste die „Inauguraladresse der Internationalen Arbeiter-Assoziation“, also deren ersten Aufruf an die Arbeiterklasse, wiederum unter dem alten und nun praktischen Motto: *„Arbeiter aller Länder, vereinigt euch!“*[12] – Für unser Anliegen sind jedoch die ebenfalls von Marx erarbeiteten Statuten der IAA relevanter sowie, im Folgenden, auch deren politische und organisatorische Praxis.

In den Statuten heißt es in Punkt 1 zum Vereinszweck: *„Die gegenwärtige Assoziation ist gegründet zur Herstellung eines Mittelpunktes der Verbindung und des Zusammenwirkens zwischen den in verschiedenen Ländern bestehenden Arbeitergesellschaften, welche dasselbe Ziel verfolgen, nämlich: den Schutz, den Fortschritt und die vollständige Emanzipation der Arbeiterklasse.“*[13]D.h. es geht um defensive und progressive Kämpfe innerhalb des Kapitalismus, im Endzweck aber um die sozialistische Revolution.

Die folgenden Punkte bestimmen Strukturelles: Jährlicher Kongress, Einrichtung des Zentralrats, der als Exekutivorgan dem Kongress rechenschaftspflichtig ist, außerdem Anregungen der nationalen oder regionalen Gesellschaften, die Mitglieder in der IAA sind, aufzunehmen, andererseits diese auch initiativ zu unterstützen hat.

In Punkt 7 kommt schließlich ein ganz zentraler bzw. sogar der zentrale Punkt zum Vortrag: Es *„sollen die Mitglieder der Internationalen Assoziation all ihre Kräfte aufbieten zur Vereinigung der zerstreuten Arbeitergesellschaften ihrer betreffenden Länder in nationale Körper, repräsentiert durch nationale Zentralorgane.“*[14] – D.h. es

---

[11] vgl. Karl Marx: Das Kapital – Band I, MEW 25, S. 11-802
[12] Karl Marx: Inauguraladresse der IAA, MEW 16, S. 13
[13] Karl Marx: Provisorische Statuten der IAA, MEW 16, S. 15
[14] Karl Marx: Provisorische Statuten der IAA, MEW 16, S. 16

sollen in allen Ländern unbedingt nationale, je nach gesetzlicher Lage möglichst legale, somit öffentlich wirkende, organisatorisch selbständige Arbeiterparteien geschaffen werden. Bloß wenn solche in möglichst großer Zahl existieren, kann auch die Arbeit der internationalen Arbeiterbewegung bestmöglich funktionieren. – Das war, neben der Verankerung des Marxismus in der Arbeiterbewegung, die eigentliche Aufgabe der IAA.

Es versteht sich von selbst, dass in der Vorstellung von Marx und Engels diese nationalen Arbeiterparteien kommunistisch im marxistischen Sinn sein sollten. In der Praxis war die Zusammensetzung der IAA jedoch recht bunt, wenngleich sich Marx und seine Anhänger insgesamt durchzusetzen wussten. Verschiedene nationale bzw. regionale Strukturen waren z.B. vom Proudhonismus dominiert, außerdem ist natürlich die Auseinandersetzung mit Bakunin und dem Anarchismus zu nennen, was 1872 zu Bakunins Ausschluss führte. Doch war der Pragmatismus bezüglich der Mitglieder, den es v.a. zu Beginn gab, durchaus gewollt: Es sollten zunächst die verschiedenen Gruppen, unabhängig von ihrem damaligen ideologischen und organisatorischen Entwicklungsstand, vereint werden, um sodann schrittweise zu einem einheitlichen Programm, einer einheitlichen Strategie und Taktik zu kommen.

Ein bedeutendes Ereignis der Zeit der IAA war natürlich Errichtung und Niederschlagung der Pariser Kommune 1871, die ein Beispiel für den „Pluralismus“ in der IAA und der Arbeiterbewegung insgesamt darstellt. Die Kommune wurde vorrangig von Blanquisten, die nach einem gescheiterten Versuch am Genfer Kongress 1866 nicht in der IAA waren, und von Proudhonisten, die IAA-Mitglieder waren, getragen, weshalb der IAA-Einfluss im marxistischen Sinn äußerst gering war, was für den Erfolg der Kommune durchaus mit problematisch war, aber der solidarischen Unterstützung natürlich keinen Abbruch tat. Und im Namen des IAA-Generalrats kommt Marx in der Resolution „Der Bürgerkrieg in Frankreich“ zu dem bedeutenden Schluss: Die Kommune „*war wesentlich eine Regierung der Arbeiterklasse, das Resultat des Kampfs der hervorbringenden gegen die aneignende Klasse, die endlich entdeckte politische Form, unter der die ökonomische Befreiung der Arbeit sich vollziehen konnte*“[15] – nämlich die Diktatur des Proletariats. Damit ergibt sich die Festle-

[15] Karl Marx: Der Bürgerkrieg in Frankreich, MEW 17, S. 342

gung: Eine kommunistische Partei, die tatsächlich den Sozialismus und Kommunismus will, muss sich zu dieser bekennen.

Am Haager Kongress 1872 wurde ein neuer Artikel in das Statut der IAA aufgenommen: *„In seinem Kampf gegen die kollektive Macht der besitzenden Klassen kann das Proletariat nur dann als Klasse handeln, wenn es sich selbst als besondere politische Partei im Gegensatz zu allen alten, von den besitzenden Klassen gebildeten Parteien konstituiert. Diese Konstituierung des Proletariats als politische Partei ist unerläßlich, um den Triumph der sozialen Revolution und ihres höchsten Zieles, der Aufhebung der Klassen, zu sichern.*"[16] – Hier wird also nochmals darauf hingewiesen, dass die Schaffung eigenständiger nationaler revolutionärer Arbeiterparteien als Massenparteien die nächste Aufgabe ist. Mit der Vorbereitung dieser in ideologischer, programmatischer und organisierender Hinsicht hatte die IAA ihre Aufgabe erfüllt und wurde 1876 offiziell aufgelöst.

In Deutschland, worauf Marx und Engels freilich besonderes Augenmerk legten, hatte sich eine solche Partei bereits 1869 gegründet, unter maßgeblicher Arbeit von August Bebel (1840-1913) und Wilhelm Liebknecht (1826-1900). Die „Sozialdemokratische Arbeiterpartei" (SDAP, „Eisenacher Partei") stand in allen Grundfragen auf dem Boden des Marxismus, wurde Mitglied in der IAA und bemühte sich parteiintern um entsprechende demokratisch-zentralistische Strukturen. Sie gewann bedeutenden Einfluss in der Arbeiterschaft und erzielte erstmals eigenständige Mandatsgewinne für die revolutionäre Arbeiterbewegung. 1875 kam es jedoch zur Fusion mit dem 1863 von Ferdinand Lassalle gegründeten „Allgemeinen Deutschen Arbeiterbund" (ADAV) zur „Sozialistischen Arbeiterpartei Deutschlands" (SAP), jedoch nicht auf revolutionärer, klar marxistischer Grundlage, wie es sich Marx und Engels als schrittweise Entwicklung vorgestellt hatten, sondern auf Basis des bekannten „Gothaer Programms". Dieses war durchsetzt von opportunistischen lassalleanischen Ideen und war somit ein deutlicher Rückschritt gegenüber dem Eisenacher Programm, was Marx in seiner „Kritik des Gothaer Programms" auch zur Genüge nachgewiesen hat und zu dem Schluss kommt: *„Übrigens taugt das Programm nichts, auch abgesehn von der Heiligsprechung der Lassalleschen Glaubensarti-*

---

[16] Karl Marx/Friedrich Engels: Resolutionen des allgemeinen Kongresses zu Haag, MEW 18, S. 149

kel.“[17] – Die theoretischen Mängel, die durch die praktische Tätigkeit der Mitglieder der SAP jedoch teilweise kompensiert werden konnten, wurden erst 1890 mit der Konstituierung der SPD und v.a. mit dem neuen, marxistischen „Erfurter Programm“ von 1891 behoben. Dies konnte Marx, der 1883 verstarb, nicht mehr erleben.

Die Zweite Internationale 1889-1914

In Deutschland war die SAP durch das so genannte „Sozialistengesetz“ von 1878-1890 faktisch illegalisiert, wenngleich in ihren Handlungen nicht gänzlich eingeschränkt. Die Bismarcksche Verfolgung verfehlte nicht nur ihr Ziel einer Zerstörung der Arbeiterbewegung, sondern am Ende dieser Periode stand mit der 1890 in Sozialdemokratische Partei Deutschlands (SPD) umbenannten Partei sogar die stärkste und einflussreichste Abteilung der II. Internationale.

Am Parteitag 1891 gab sich die SPD ein neues Programm, wobei der grundsätzliche, theoretische Teil von Karl Kautsky (1854-1938) ausgearbeitet wurde. Trotz mancher Kritikpunkte meinte Engels über das „Erfurter Programm“: „*Der jetzige Entwurf unterscheidet sich sehr vorteilhaft vom bisherigen Programm. Die starken Überreste von überlebter Tradition – spezifisch lassallischer wie vulgärsozialistischer – sind im wesentlichen beseitigt, der Entwurf steht nach seiner theoretischen Seite im ganzen auf dem Boden der heutigen Wissenschaft und läßt sich von diesem Boden aus diskutieren.*“[18]

Bereits am 14. Juli 1889 war am Internationalen Sozialistenkongress in Paris die Zweite Internationale – als nur lose Struktur, zunächst ohne institutionelle Einrichtungen – begründet worden, wobei Engels in der Vorbereitung nicht unmaßgeblich beteiligt war. Ihre Aufgabe war die Durchsetzung des Marxismus in der internationalen Arbeiterbewegung gegen den Anarchismus und Rechtsopportunismus sowie die Schaffung weiterer nationaler marxistischer Arbeiterparteien (und in weiterer Folge deren Ausbau zu Massenparteien). Ein halbes Jahr zuvor war genau dies auch in Österreich gelungen.

Vom 30. Dezember 1888 bis zum 1. Januar 1889 fand in Hainfeld (Niederösterreich) unter Leitung Victor Adlers (1852-1918) der

---

[17] Karl Marx: Kritik des Gothaer Programms, MEW 19, S. 13

[18] Friedrich Engels: Zur Kritik des sozialdemokratischen Programmentwurfs 1891, MEW 22, S. 227

Gründungsparteitag der österreichischen „Sozialdemokratischen Arbeiterpartei“ (SDAP) statt. Man gab sich mit der „Prinzipienerklärung“ ein knappes Programm, das unter Mitarbeit Kautskys am deutschen „Eisenacher Programm“ orientiert war und auf revolutionär-sozialistischer, eben marxistischer Grundlage stand. Als Zweck der SDAP wurde in diesem benannt: *„Das Proletariat politisch zu organisieren, es mit dem Bewusstsein seiner Lage und seiner Aufgabe zu erfüllen, es geistig und physisch kampffähig zu machen und zu erhalten, ist daher das eigentliche Programm der sozialdemokratischen Arbeiterpartei in Österreich“*.[19]

In den folgenden beiden Jahrzehnten wurden die sozialdemokratischen Parteien in Österreich wie in Deutschland zu Massenparteien, mit Masseneinfluss, Vorfeldorganisationen und auch – so weit möglich – mit bemerkenswerten Wahlerfolgen. Doch der parlamentarische Kampf und dessen Erfolge führten zu Illusionen über den Weg zum Sozialismus. Ebenso wirkte die Herausbildung des Imperialismus massiv begünstigend zur Schaffung der Arbeiteraristokratie in der Sozialdemokratie, wodurch Opportunismus, Reformismus und Revisionismus aufkamen. Dies läutete den Niedergang der II. Internationale und die Abkehr von SDAPÖ und SPD vom Marxismus ein.

Eduard Bernstein (1850-1932), 1891 noch Mitautor des „Erfurter Programms“ der SPD, brachte ab 1896 – Engels war gerade erst im Vorjahr gestorben – mit seinen „Problemen des Sozialismus“ die Kernthesen des Revisionismus aufs Tableau. Trotz deutlicher Ablehnung nicht nur durch Parteilinke wie Rosa Luxemburg (1871-1919), sondern zunächst auch durch den mittlerweile zentristischen Kautsky und die Parteiführung um Bebel, gewann der Revisionismus Einfluss in der SPD. Mit dem Ersten Weltkrieg und danach hatte Bernstein faktisch – weil ohne explizite Anerkennung – auf der ganzen Linie gesiegt, für die Umsetzung war Friedrich Ebert sen. (1871-1925) entscheidend verantwortlich. Die Marxisten der alten SPD, darunter Luxemburg, Karl Liebknecht (1871-1919), Franz Mehring (1846-1919), Clara Zetkin (1857-1933), Wilhelm Pieck (1876-1960) oder Hermann Duncker (1874-1960) verließen die Partei und sammelten sich in der zum Jahreswechsel 1918/19 gegründeten Kommunistischen Partei Deutschlands (KPD).

---

[19] Was will die Sozialdemokratie? Beschlüsse der SDAP – Parteitag zu Hainfeld, Wien 1892

In Österreich kam es am Wiener Parteitag 1901 zur Revision des „Hainfelder Programms“, womit tendenziell auf eine reformistische Vorgehensweise und deterministische Vorstellungen umgeschwenkt wurde, was z.B. von Kautsky oder Max Adler (1873-1937) auch deutlich kritisiert wurde. Dieser Reformismus der österreichischen Sozialdemokratie wurde 1926 mit dem „Linzer Programm“[20], maßgeblich von Otto Bauer (1881-1938) verfasst, fest einzementiert, wenngleich der „Austromarxismus“ sich immer einer gewissen „radikaleren Phraseologie“ bediente. In der politischen Realität versagte die österreichische Sozialdemokratie während und nach dem Ersten Weltkrieg ebenso wie die deutsche: Sie ging auf Positionen des Sozialchauvinismus und Sozialimperialismus über, wenngleich es dagegen Widerstand gab (z.B. Friedrich Adler, 1879-1960), danach auf jene der Konterrevolution. Wie in Deutschland wurde daher auch in Österreich eine kommunistische Partei – die KPÖ – gegründet, was im November 1918 geschah.

Diese negativen Entwicklungen der SPD und SDAPÖ sind beispielhaft für den Niedergang der II. Internationale. Trotz antimilitaristischer, internationalistischer und revolutionärer Resolutionen auf den internationalen Kongressen in Stuttgart (1907), Kopenhagen (1910) und Basel (1912) kollabierte die II. Internationale mit Beginn des Ersten Weltkrieges. Die sozialdemokratischen Parteien stellten sich hinter ihre jeweilige nationale Bourgeoisie und unterstützten ihre imperialistischen Ziele. Statt dem in der Krise forcierten Klassenkampf von unten herrschte der „Burgfrieden“.

Nur die russische Partei der Bolschewiki hatte die richtigen Schlüsse in Theorie, Strategie, Taktik und Organisation angesichts der Entfaltung des Imperialismus und dessen Charakters als „*Vorabend der sozialen Revolution des Proletariats*“[21] gezogen. Sie kämpfte konsequent gegen Imperialismus, Militarismus und Krieg, gegen den Opportunismus in der II. Internationale und – nach Kriegsbeginn – für die Umwandlung des imperialistischen Krieges in den revolutionären Kampf gegen die eigene Bourgeoisie und für den Sozialismus. Daher wollen wir uns nun mit den Bolschewiki bzw. der Sozialdemokrati-

---

[20] vgl. Programm der Sozialdemokratischen Arbeiterpartei Deutschösterreichs. In: Austromarxismus – Texte zu „Ideologie und Klassenkampf“, Frankfurt/M. und Wien 1970, S. 378-402

[21] W. I. Lenin: Der Imperialismus als höchstes Stadium des Kapitalismus, LW 22, S. 198

schen Arbeiterpartei Russlands (SDAPR) sowie mit deren zentraler Figur, Wladimir Iljitsch Lenin (1870-1924), befassen.

Lenin und die Partei neuen Typs 1898-1924

Unter den – im Vergleich etwa zu Österreich oder Deutschland – damals besonders repressiven Bedingungen der zaristischen Autokratie in Russland war an die Schaffung einer legalen Arbeiterpartei nicht zu denken. In verschiedenen Städten bildeten sich kleine Gruppen als geheime „Kampfbünde" und/oder Zeitungen, daneben gab es Auslandsorganisationen russischer Exilanten.

Unter den letzteren war auch die erste marxistische russische Organisation, die „Gruppe zur Befreiung der Arbeit", die 1883 in Genf u.a. von Georgi Plechanow (1856-1918) und Vera Sassulitsch (1849-1919) gegründet wurde und die in engem Kontakt mit Engels stand. Eine der in Russland tätigen Organisationen war der 1895 gegründete Petersburger „Kampfbund zur Befreiung der Arbeiterklasse", dem auch Lenin angehörte.

1898 kam es in Minsk zu einem bemerkenswert kühnen Treffen. Neun Personen, die sechs kleine Organisationen vertraten, proklamierten die Gründung der „Sozialdemokratischen Arbeiterpartei Russlands" (SDAPR), erklärten sich selbst zum 1. Parteitag und bestimmten aus ihren Reihen ein dreiköpfiges Zentralkomitee. Keine dieser Personen spielte in weiterer Folge in der russischen Arbeiterbewegung eine bedeutende Rolle, denn die relevanten bzw. später relevanten Menschen waren durchwegs nicht in Minsk anwesend: Plechanow war im Exil in Westeuropa, Lenin in der Verbannung in Sibirien, Trotzki in der Ukraine im Gefängnis, Bucharin noch in der Grundschule und Stalin in Georgien im Priesterseminar...

Dennoch hatte die bloße Verkündung der Gründung der SDAPR keine unwichtigen Folgen: Überall in Russland bildeten sich – trotz der massiven staatlichen Verfolgung – Gruppen, Komitees oder Zeitungen, die sich quasi autonom (und zum Teil auch isoliert voneinander, zumal tatsächliche Parteistrukturen ja fehlten) als örtliche Vertretungen dieser SDAPR verstanden. Als 1903 der 2. Parteitag zusammenkam, vertraten die 57 Delegierten immerhin bereits 26 Organisationen und bis zu 8000 Mitglieder. Doch zu diesem Parteitag etwas später mehr, zuerst zu Lenin.

Lenin war im Jahr 1895 aufgrund seiner Tätigkeit im Petersburger Kampfbund verhaftet und 1897 für drei Jahre nach Sibirien verbannt worden. Nach seiner Rückkehr ging er nach Westeuropa, zunächst nach Genf, wo er mit Plechanow über die Herausgabe der Zeitung „Iskra“ übereinkam, dann nach München. Dort verfasste er in den Jahren 1901/1902 die Schrift „Was tun? Brennende Fragen unserer Bewegung“[22], wo er sich v.a. mit ideologischen, organisatorischen und strukturellen Fragen der damaligen russischen Sozialdemokratie befasst, damit aber auch einige ebenso außerhalb Russlands und somit allgemein gültige Grundrisse der künftigen "Partei neuen Typs" markiert. Wir wollen diese Grundrisse aufarbeiten und dabei auch gleich auf Lenins zweite wichtige parteitheoretische Schrift, „Ein Schritt vorwärts, zwei Schritte zurück“[23] aus dem Jahr 1904, zurückgreifen. (Der Vollständigkeit halber sei noch erwähnt, dass in den folgenden Zitaten die Bezeichnung „sozialdemokratisch“ historisch zu verstehen ist – heute kann und muss man sich stattdessen selbstverständlich immer das Wort „kommunistisch“ denken.)

Die parteitheoretischen Grundrisse Lenins können in drei Komplexe unterteilt werden: In den Bereich der Theorie und ihrer Bedeutung für den politischen Kampf, in den Bereich Ideologie und Klassenbewusstsein, und drittens zum Wesen und zur Bedeutung der revolutionären Partei der Arbeiterklasse. (In „Was tun?“ gibt es natürlich auch noch den Bereich Reformismus vs. revolutionäre Politik, aber hier besteht wohl keine Unklarheit, die separat und explizit zu beseitigen wäre.) – Also zunächst zwei Punkte zur Theorie:

Lenin schreibt: „*Ohne revolutionäre Theorie kann es auch keine revolutionäre Bewegung geben.*“[24] – D.h.: Die Arbeiterklasse kann ihre historische Mission – die Überwindung des Kapitalismus und die Errichtung einer sozialistischen Gesellschaft – nur verwirklichen, wenn sie sich von der revolutionären Theorie des wissenschaftlichen Sozialismus leiten lässt.

Lenin weist darauf hin, „*daß die Rolle des Vorkämpfers nur eine Partei erfüllen kann, die von einer fortgeschrittenen Theorie geleitet wird.*“[25] Die Führungsrolle in der der Arbeiterbewegung kann nur

[22] W. I. Lenin: Was tun?, LW 5, S. 355-549
[23] W. I. Lenin: Ein Schritt vorwärts, zwei Schritte zurück, LW 7, S. 197-430
[24] W. I. Lenin: Was tun?, LW 5, S. 379
[25] ebd., S. 380

eine revolutionäre Kampfpartei ausüben, die den objektiven Erfordernissen entsprechende strategische und taktische Aufgaben erarbeitet, begründet und löst, indem sie von den wissenschaftlichen Erkenntnissen über den historischen Entwicklungsprozess und seine Gesetzmäßigkeiten ausgeht, sie verteidigt und permanent an ihrer Vertiefung arbeitet sowie sie konkret anzuwenden weiß. Und das bedeutet auch: Die Mitglieder der Partei müssen sich den wissenschaftlichen Sozialismus durch ernsthaftes Studium tiefgründig aneignen und dabei die Auseinandersetzung mit der bürgerlichen Ideologie, mit dem rechten und „linken" Revisionismus und dem Reformismus führen.

Zum Bereich Klassenbewusstsein und Ideologie:

Lenin schreibt: „*Die Geschichte aller Länder zeugt davon, daß die Arbeiterklasse ausschließlich aus eigener Kraft nur ein tradeunionistisches Bewußtsein hervorzubringen vermag, d.h. die Überzeugung von der Notwendigkeit, sich in Verbänden zusammenzuschließen, einen Kampf gegen die Unternehmer zu führen, der Regierung diese oder jene für die Arbeiter notwendigen Gesetze abzutrotzen u.a.m.*"[26] – Das für den erfolgreichen Kampf der Arbeiterklasse zur Verwirklichung ihrer historischen Mission notwendige Klassenbewusstsein entsteht nicht spontan in der Arbeiterschaft.

Lenin setzt fort: „*Die Lehre des Sozialismus ist hingegen aus den philosophischen, historischen und ökonomischen Theorien hervorgegangen, die von den gebildeten Vertretern der besitzenden Klassen, der Intelligenz, ausgearbeitet wurden. Auch die Begründer des modernen wissenschaftlichen Sozialismus, Marx und Engels, gehörten ihrer sozialen Stellung nach der bürgerlichen Intelligenz an. Ebenso entstand auch in Rußland die theoretische Lehre der Sozialdemokratie ganz unabhängig von dem spontanen Anwachsen der Arbeiterbewegung, entstand als natürliches und unvermeidliches Ergebnis der ideologischen Entwicklung der revolutionären sozialistischen Intelligenz.*"[27] – Daraus und dem vorherigen Punkt folgt: „*Wir haben gesagt, daß die Arbeiter ein sozialdemokratisches Bewußtsein gar nicht haben konnten. Dieses konnte ihnen nur von außen gebracht werden.*"[28] D.h. also: Die Aufgabe der Partei ist es,

[26] ebd., S. 385/386
[27] ebd., S. 386
[28] ebd., S. 385

die wissenschaftliche Ideologie in das Bewusstsein der Massen der Arbeiterklasse hineinzutragen.

Dies ist übrigens umso wichtiger, als die vorherrschende Ideologie in einer gegebenen Gesellschaft immer jene der Herrschenden ist. Wieder Lenin: „*Kann nun von einer selbständigen, von den Arbeitermassen im Verlauf ihrer Bewegung selbst ausgearbeiteten Ideologie keine Rede sein, so kann die Frage nur so stehen: bürgerliche oder sozialistische Ideologie. Ein Mittelding gibt es hier nicht (denn eine ‚dritte' Ideologie hat die Menschheit nicht geschaffen, wie es überhaupt in einer Gesellschaft, die von Klassengegensätzen zerfleischt wird, niemals eine außerhalb der Klassen oder über den Klassen stehende Ideologie geben kann). Darum bedeutet jede Herabminderung der sozialistischen Ideologie, jedes Abschwenken von ihr zugleich eine Stärkung der bürgerlichen Ideologie. Man redet von Spontaneität. Aber die spontane Entwicklung der Arbeiterbewegung führt eben zu ihrer Unterordnung unter die bürgerliche Ideologie ... Darum besteht unsere Aufgabe, die Aufgabe der Sozialdemokratie, im Kampf gegen die Spontaneität, sie besteht darin, die Arbeiterbewegung von dem spontanen Streben des Trade-Unionismus, sich unter die Fittiche der Bourgeoisie zu begeben, abzubringen und sie unter die Fittiche der revolutionären Sozialdemokratie zu bringen.*“[29]

Nun zum Wesen und zur Bedeutung der Partei:

Lenin schreibt: Der „*spontane Kampf des Proletariats wird nicht zu einem wirklichen ‚Klassenkampf' werden, solange dieser Kampf nicht von einer starken Organisation der Revolutionäre geleitet wird.*“[30] Daher steht fest, dass „*der Sozialdemokrat vor allem an eine Organisation von Revolutionären denken muß, die fähig sind, den gesamten Befreiungskampf des Proletariats zu leiten.*“[31] Hierfür müssen aber auch in der Partei entsprechende Kader entwickelt werden, denn andernfalls „*werden es auch die Massen nie lernen, den politischen Kampf zu führen, solange wir nicht dazu beitragen, daß sowohl aus den Kreisen der gebildeten Arbeiter als auch aus den Kreisen der Intellektuellen für diesen Kampf Führer herangebildet werden*“.[32] Die Wichtigkeit der Heranbildung marxistischer Kader

[29] ebd., S. 395/396
[30] ebd., S. 492
[31] ebd., S. 474
[32] ebd., S. 519

aus der Arbeiterklasse sei unterstrichen: Denn diese sind dann sehr wohl die Möglichkeit, revolutionäres, sozialistisches Bewusstsein in der Klasse selbst zu reproduzieren und nicht bloß zu „importieren".

Bevor es hier jetzt ein terminologisches Missverständnis gibt ein Einschub: Nach Lenin besteht die Organisation der Partei aus mehreren und verschiedenen Parteiorganisationen, wobei es die Kategorien „*Organisationen der Revolutionäre*" (dies wären „Kaderorganisationen", wie z.B. ein Zentralkomitee, eine Landesleitung oder die Redaktion des Zentralorgans) und „*Organisationen der Arbeiter*" (etwa Grundorganisationen) gibt. „*Diese beiden Kategorien bilden die Partei*", und die Überführung geschulter Mitglieder aus der zweiten Kategorie in die erste ist dabei eine wichtige Aufgabe. Eine dritte Kategorie wären „*Arbeiterorganisationen, die sich an die Partei anlehnen*"[33], aber nicht organisatorischer Teil derselben sind – das wären etwa eine Gewerkschaftsfraktion, ein Jugendverband, eine Frauenorganisation oder ein Studierendenverband.

Insgesamt ist jedenfalls gesagt: Ohne die Führung durch eine revolutionäre Kampfpartei kann die Arbeiterklasse ihre historische Mission nicht erfüllen. Dies ist ein objektives Erfordernis. Warum ist das so?

Nur eine solche Partei kann die Arbeiterklasse mit notwendigen theoretischen Einsichten, wissenschaftlichen Erkenntnissen, richtiger Strategie und Taktik und mit einem einheitlichen Willen ausrüsten. Nur eine festgefügte, gut organisierte und entschlossene Partei kann die notwendige Organisiertheit, Disziplin und einheitliches Handeln sichern. Nur eine solche Partei kann eine richtige und erfolgreiche Politik ausarbeiten und die Massen für die Realisierung dieser Politik organisieren.

Damit die Partei dies überhaupt bewerkstelligen kann, müssen einige Prinzipien gegeben sein. Die Partei muss zentralisiert und gleichzeitig landesweit tätig sein. Sie muss die Einheit und Geschlossenheit der Partei als Kampforganisation sichern. Und die Leitung der Partei muss von einem einheitlichen Zentrum ausgehen. - Dies sind grundlegende und allgemein gültige Organisationsprinzipien, die aber gemeinsame Grundlage für durchaus unterschiedliche Organisationsformen gemäß konkreter Bedingungen sein können.

---

[33] W. I. Lenin: Ein Schritt vorwärts, zwei Schritte zurück, LW 7, S. 264

Lenin systematisiert folgendermaßen: „*1. Keine einzige revolutionäre Bewegung kann ohne eine stabile und die Kontinuität wahrende Führerorganisation Bestand haben;*“ – Lenin fordert eine zentrale Leitung, die nachhaltig ist, damit also auch Kaderentwicklung betreiben muss. – „*2. je breiter die Masse ist, die spontan in den Kampf hineingezogen wird, die die Grundlage der Bewegung bildet und an ihr teilnimmt, um so dringender ist die Notwendigkeit einer solchen Organisation und um so fester muß diese Organisation sein*“. – Gerade das Wachstum der Bewegung bzw. der Partei und der angehängten Organisationen verlangt erst recht klare Strukturen, nicht eine Lockerung derselben. – „*3. eine solche Organisation muß hauptsächlich aus Leuten bestehen, die sich berufsmäßig mit revolutionärer Tätigkeit befassen;*“ – Lenin fordert unbedingt höchste Professionalität der Revolutionäre, denn nichts ist schädlicher als Dilettantismus und Pfuscherei. – „*4. je mehr wir die Mitgliedschaft einer solchen Organisation einengen, und zwar so weit, daß sich an der Organisation nur diejenigen Mitglieder beteiligen, die sich berufsmäßig mit revolutionärer Tätigkeit befassen und in der Kunst des Kampfes gegen die politische Polizei berufsmäßig geschult sind, um so schwieriger wird es in einem autokratischen Lande sein, eine solche Organisation ‚zu schnappen‘*“. – Ein Hinweis auf die Bedingungen der Illegalität, wie sie in Russland damals gegeben war. – „*5. um so breiter wird der Kreis der Personen aus der Arbeiterklasse und aus den übrigen Gesellschaftsklassen sein, die die Möglichkeit haben werden, an der Bewegung teilzunehmen und sich in ihr aktiv zu betätigen.*“[34] – Der feste Kern ist Vorbedingung, um größere Massen anzuziehen, einzubeziehen und auch integrieren zu können, und es ist „*die ständige Pflicht des Vortrupps, immer breitere Schichten auf das Niveau dieses Vortrupps zu heben.*“[35]

Und das ist keine Einbahnstraße: Nur wenn einheitliche Führung, politisch-ideologische und organisatorische Einheit – dies impliziert, nebenbei bemerkt, die Absenz von Fraktionen –, bewusste Disziplin und aktive Arbeit gegeben sind, kann sich eine Partei berechtigt als organisierter Vortrupp der Arbeiterklasse verstehen. Nur dann hat sie tatsächlich die Fähigkeit, den revolutionären Kampf planmäßig zu führen und zu leiten – und auch nur dann wird dies anerkannt werden. Die Avantgarde wird nicht zu dieser, indem sie sich autonom

[34] W. I. Lenin: Was tun?, LW 5, S. 480/481
[35] W. I. Lenin: Ein Schritt vorwärts, zwei Schritte zurück, LW 7, S. 258

als solche deklariert – diese Position ist zu erarbeiten und immer wieder zu erarbeiten: „*Um eine sozialdemokratische Partei zu sein, muß man die Unterstützung gerade der Klasse erlangen.*“[36] Ähnliches gilt für den Charakter der Partei als bewusster Vortrupp. Dies ist nur realisiert über die vertiefte und schöpferisch zu entwickelnde wissenschaftliche Weltanschauung, über ein entsprechendes Parteiprogramm und eine darauf basierende Strategie und Taktik. Und beides steht in Wechselwirkung: „*Um in Wirklichkeit die bewusste Trägerin zu sein, muß die Partei es verstehen, solche organisatorischen Verhältnisse zu schaffen, die ein gewisses Niveau der Bewusstheit sichern und dieses Niveau systematisch heben.*“[37] Des Weiteren hat die Partei die Einheit von Theorie und Praxis zu gewährleisten, die Übereinstimmung von Wort und Tat, die Hervorhebung ihres Klassencharakters und – nicht zuletzt – den unbedingten proletarischen bzw. sozialistischen Internationalismus.

Nur wenn dies alles gegeben ist, kann eine revolutionäre Partei tatsächlich die höchste Form der Klassenorganisation der Arbeiter sein. Und das ist sie in jenem Sinn, dass sie am konsequentesten die Interessen der in den Gewerkschaften oder z.B. in Frauen- oder Jugendorganisationen zusammengeschlossenen Arbeitern und Arbeiterinnen vertritt, die ihrerseits die führende und den Klassenkampf vereinheitlichende Rolle der Partei anerkennen. Denn z.B. eine kommunistische Gewerkschaftsfraktion und ein kommunistischer Jugendverband erfassen nur Teilaspekte, erfüllen dabei ihre eigenen guten Dienste (z.B. Organisierung ökonomisch-sozialer Kämpfe oder marxistische Schulungen), aber ohne die einheitliche Anlehnung an die Partei und den Übergang der Mitglieder in diese gibt es für sie und ihre Mitglieder keine revolutionäre Perspektive. Diese gibt es nur und ausschließlich mit und in der revolutionären marxistischen Kampfpartei. Eine Gewerkschaftsorganisation, eine Frauenorganisation oder ein Jugend- und Studierendenverband organisiert und leitet keine Revolution, denn dazu werden sie nie in der Lage sein. Ihre Aufgabe ist es, der Partei interaktiv zuzuarbeiten und spezielle Aufgaben zu übernehmen. – Aber das nur nebenbei.

Aus allem Gesagten ergeben sich nun unbedingte Anforderungen an die Partei als Ganzes sowie an ihre Mitglieder. In seinem Statuten-

[36] ebd., S. 260
[37] ebd., S. 273

entwurf für die SDAPR von 1903 verlangt Lenin bezüglich der Mitgliedschaft ganz grundsätzlich in §1: *„Als Mitglied der Partei gilt jeder, der ihr Programm anerkennt und die Partei sowohl in materieller Hinsicht als auch durch die persönliche Betätigung in einer der Parteiorganisationen unterstützt.“*[38] Und die *„Bedingungen für den Eintritt in die Partei sind ... 1. ein gewisser Grad von Organisiertheit und 2. die Bestätigung durch das Parteikomitee.“*[39]

Was ist weiter zum Wesen der Partei zusammenzufassen?

1. Das gesamte Wirken der Partei fußt auf den Ideen des wissenschaftlichen Sozialismus. Durch gewissenhaftes Studium des Marxismus erlangen die Parteimitglieder die Fähigkeiten, in allen Situationen des Klassenkampfes bewusst und zielsicher zu agieren, die marxistische Weltanschauung aktiv zu verbreiten, das Klassenbewusstsein der Arbeiter zu fördern sowie den Marxismus gegen alle Angriffe, Verfälschungen und Verleumdungen zu verteidigen. Das gilt auch in Bezug auf das Parteiprogramm, das die Organisationen und Mitglieder der Partei nicht nur verinnerlichen müssen, sondern sie müssen auch in der Lage sein, *„die allgemeinen und grundlegenden Sätze des Programms anzuwenden, sie den konkreten Bedingungen anzupassen und bei dieser Anwendung zu entwickeln“*.[40] Damit steht fest, dass es ohne ideologisch festen Kern an geschulten und leitungsfähigen Mitgliedern, *„die mit den notwendigen Kenntnissen ausgerüstet sind, eine lange Schule durchgemacht haben und die ausgezeichnet zusammenarbeiten, in der heutigen Gesellschaft keinen beharrlichen Kampf einer Klasse geben kann.“*[41]

2. Die Partei arbeitet auf den Grundlagen zentraler Leitung, des einheitlichen Willens und einheitlicher Beschlüsse. Aktivität und Eigeninitiative der Mitglieder sind durch die innerparteiliche Demokratie zu fördern. Die Mitglieder wirken bei Erörterung und Erarbeitung von Aufgaben und Beschlüssen mit. Sobald eine Meinung gebildet und Beschlüsse gefasst sind, ist es die Pflicht jedes Mitglieds, in Übereinstimmung damit zu handeln und die Beschlüsse umzusetzen (das bedeutet aber nicht, dass Mitglieder nicht auch ihren Minderheitenstandpunkt beibehalten dürften – es handelt sich ja nicht um die

---

[38] W. I. Lenin: Entwurf des Statuts der SDAPR, LW 6, 475
[39] W. I. Lenin: Ein Schritt vorwärts, zwei Schritte zurück, LW 7, S. 263
[40] ebd., S. 227
[41] W. I. Lenin: Was tun?, LW 5, S. 478

Inquisition). Grundlage für das Handeln ist die freiwillige und bewusste, straffe und einheitliche Parteidisziplin. – Wir haben, wenn man so will, also fünf organisatorische Grundprinzipien, die zusammenwirken müssen: Zentralismus, Demokratie, Kontrolle, Einheitlichkeit und Disziplin.

Nebenbei bemerkt: Lenin gibt in „Was tun?“ als positives Beispiel die SPD – er weist aber im Konkreten darauf hin, dass etwa das demokratische Prinzip, wie in der SPD voll entwickelt, unter den Bedingungen der Illegalität, wie damals in Russland, für die SDAPR eben genau nicht in dieser Form möglich ist. D.h. es ist natürlich ein Unterschied, ob eine Partei legal und „öffentlich“ in der bürgerlichen Demokratie wirkt, oder ob sie unter den Bedingungen eines autoritären Regimes oder einer offenen Diktatur in der Illegalität zu speziellen Methoden verpflichtet ist, die die volle Entfaltung mancher Prinzipien geradezu verbieten.

Man kann bezüglich des Organisationsprinzips zusammenfassen: *„Leitung der Partei von einem gewählten Zentrum aus; periodische Wahl aller leitender Parteiorgane von unten nach oben; Kollektivität der Leitung; periodische Rechenschaftspflicht der Parteiorgane vor den Organisationen, durch die sie gewählt wurden; straffe Parteidisziplin und Unterordnung der Minderheit unter die Mehrheit; unbedingte Verbindlichkeit der Beschlüsse höherer Organe für die unteren Organe und die Mitglieder, deren ... Erfahrungen in die Beschlüsse der höheren Organe einfließen; aktive Mitarbeit der Parteimitglieder in ihren Organisationen zur Durchsetzung der Beschlüsse.*“[42] – Wir wollen es einstweilen dabei belassen zum demokratischen Zentralismus, da wir darauf noch ausführlicher zurückkommen werden.

3. Die revolutionäre Arbeiterpartei ist historisch berufen, die Arbeiterklasse im Kampf zu führen, sie maßt sich diese Führungsrolle jedoch nicht einfach an. Sie muss sich Vertrauen, Ansehen und Autorität unter den Massen immer wieder aufs Neue erwerben, durch die engagierte Arbeit der Mitglieder, durch das konsequente Eintreten für die Interessen der arbeitenden Menschen sowie durch eigene positive Entwicklung und Stärkung, denn *„je stärker unsere Parteiorganisationen sein werden, denen wirkliche Sozialdemokraten an-*

[42] Kleines Politisches Wörterbuch, Berlin 1983, 4. Auflage, S. 172

gehören, je weniger Wankelmütigkeit und Unbeständigkeit es innerhalb der Partei geben wird, um so breiter, vielseitiger, reicher und fruchtbarer wird der Einfluss der Partei auf die sie umgebenden, von ihr geleiteten Elemente der Arbeitermassen sein.“[43]

4. Die Verbindung zu den arbeitenden Massen erlangt die Partei durch die Tätigkeit ihrer Mitglieder in verschiedenen gesellschaftlichen Vereinen, am Arbeitsplatz, am Wohnort, v.a. aber natürlich in den Organisationen der Arbeiterklasse, wie z.B. den Gewerkschaften: „*Jeder sozialdemokratische Arbeiter hat diese Organisationen nach Möglichkeit zu unterstützen und aktiv in ihnen zu arbeiten*“, wobei es dabei freilich auch um die „*bewußte Einwirkung der sozialistischen Mitglieder des Verbandes auf ihre Kollegen*“[44] geht. Ein wichtiges Grundprinzip hierbei ist aber auch, die Massen nicht nur zu lehren, sondern auch von ihnen zu lernen. Schließlich ist es von Bedeutung, nicht nur eine Partei für die, sondern wirklich der Arbeiterklasse zu sein, daher stellt Lenin fest, „*daß es unsere allererste, allerdringendste Pflicht und Schuldigkeit ist, die Heranbildung von Revolutionären aus der Arbeiterschaft zu fördern, die hinsichtlich der Parteitätigkeit auf demselben Niveau stehen wie die Revolutionäre aus den Kreisen der Intellektuellen*“.[45]

5. Lenins bereits 1901 in seinem Artikel „Womit beginnen?“ geäußerter Gedanke über die Parteizeitung – das Zentralorgan – als „*nicht nur kollektiver Propagandist und Agitator, sondern auch ein kollektiver Organisator*“[46] ist von großer Bedeutung. Sie ist die Möglichkeit, die Politik, die Beschlüsse und die Ziele der Partei öffentlich darzulegen und zu erläutern sowie die Arbeiter zum gemeinsamen Kampf zu mobilisieren. Sie ist ein Forum zur Vermittlung von Erfahrungen der Parteiarbeit und des Klassenkampfes. Sie ist ein Mittel zur Enthüllung des volksfeindlichen Charakters des Gesellschaftssystems des Kapitalismus und dessen Repräsentanten. Sie ist aber auch – über die bloße Ideenverbreitung hinaus – eine Richtschnur für Organisations- und Organisierungsfragen, für die Organisationsentwicklung. Die Parteimitglieder sind gefordert, sich aktiv und allseitig in die Zeitungsarbeit einzubringen und dadurch wiederum Parteistrukturen und eigene Fähigkeiten zu stärken. – Heute gilt Ähnliches

---

[43] W. I. Lenin: Ein Schritt vorwärts, zwei Schritte zurück, LW 7, S. 257
[44] ebd., S. 261
[45] W. I. Lenin: Was tun?, LW 5, S. 487
[46] W. I. Lenin: Womit beginnen?, LW 5, S. 11

auch für „neue Medien“, über die Printzeitung hinaus, also etwa für Internetseiten der Partei. Ohne die gezielte Schaffung und Nutzung von Parteimedien *„ist jene systematische Durchführung einer prinzipienfesten und allseitigen Propaganda und Agitation unmöglich, die die ständige und wichtigste Aufgabe der Sozialdemokratie im allgemeinen und eine besonders dringliche Aufgabe des gegenwärtigen Moments darstellt, wo das Interesse für Politik, für Fragen des Sozialismus in den breitesten Bevölkerungsschichten wach geworden ist.“*[47] Lenin besteht in Agitation und Propaganda übrigens unbedingt auf *„allseitigen politischen Enthüllungen“*[48] gegenüber der Arbeiterklasse – in Bezug auf die gesamte Gesellschaft und alle deren Klassen und Schichten –, denn nur dies ist auch Grundlage für die organisierte allseitige Führung des Klassenkampfes in ideologischer, ökonomischer und politischer Hinsicht.

6. Die revolutionäre Arbeiterpartei wird ihren Aufgaben dann gerecht, wenn ihre Mitglieder und Funktionäre dem von Lenin gegebenen Bild des Revolutionärs entsprechen, wonach *„das Ideal eines Sozialdemokraten nicht der Sekretär einer Trade-Union, sondern der Volkstribun sein muß, der es versteht, auf alle Erscheinungen der Willkür und Unterdrückung zu reagieren, wo sie auch auftreten mögen, welche Schicht oder Klasse sie auch betreffen mögen, der es versteht, an allen diesen Erscheinungen das Gesamtbild der Polizeiwillkür und der kapitalistischen Ausbeutung zu zeigen, der es versteht, jede Kleinigkeit zu benutzen, um vor aller Welt seine sozialistischen Überzeugungen und seine demokratischen Forderungen darzulegen, um allen und jedermann die welthistorische Bedeutung des Befreiungskampfes des Proletariats klarzumachen.“*[49]

So weit die Theorie bei Lenin – zurück zur Praxis in der SDAPR.

Ich habe vorhin kurz den II. Parteitag der SDAPR erwähnt, der zwischen den beiden Schriften „Was tun?“ und „Ein Schritt vorwärts, zwei Schritte zurück“ liegt. Er kann als eigentlicher konstituierender Parteitag der SDAPR gesehen werden, der aber am Ende – er dauerte von 30. Juli bis 23. August 1903 und fand in Brüssel und London statt – bereits wieder zu einer absehbaren Spaltung führte. Inhaltlich verlief er ambivalent: Während die programmatische marxistische

[47] ebd., S. 9
[48] W. I. Lenin: Was tun?, LW 5, S. 427
[49] ebd., S. 437

Ausrichtung durchgesetzt wurde, wurde hingegen Lenins Statutenentwurf an entscheidenden Stellen verwässert. Dennoch kann grundsätzlich von der Schaffung einer einheitlichen, zentralisierten, marxistischen Partei gesprochen werden. Im Zuge der Wahlen zu den leitenden Parteiorganen spaltete sich die Konferenz (und später die Partei), nämlich in die Gruppe um Lenin, die in der Mehrheit war und daher „Bolschewiki" genannt wurde, und in die Minderheit der „Menschewiki". Diese Spaltung, zunächst anhand eher praktischer und v.a. personeller Meinungsverschiedenheiten gegeben, erwies sich in den folgenden Jahren als Trennung des revolutionären Marxismus vom Opportunismus und Revisionismus, letztlich als jene der Kommunisten und der Sozialdemokraten im heutigen Sinn.

Es ist jetzt hier nicht der Platz, tiefer auf die weitere Geschichte der SDAPR einzugehen, nur so viel: Obwohl die Menschewiki am III. Parteitag, Anfang 1905 in London, nicht teilnahmen, war in weiterer Folge eine Zusammenarbeit zwischen Bolschewiki und Menschewiki gegeben, so auch in der Russischen Revolution 1905-1907. Am IV. Parteitag, 1906 in Stockholm, wurden Lenins Organisationsprinzipien und Satzungen zur Gänze angenommen und umgesetzt, den Menschewiki wurden jedoch weiter Vertreter im Zentralkomitee zugestanden. Auf der Parteikonferenz 1912 in Prag wurden die Menschewiki aufgrund unüberbrückbarer Differenzen schließlich ausgeschlossen, diese konstituierten sich fortan als eigene Partei. Die leninsche SDAPR führte ab da den Zusatz „Bolschewiki", also SDAPR (B), und gab in diesem Jahr auch erstmals die „Prawda" als Zentralorgan heraus.

Der Rest ist Geschichte: Aufgrund ihrer programmatischen, organisatorischen, strategischen und taktischen Überlegenheit war es der SDAPR (B) möglich, im Revolutionsjahr 1917 zur führenden revolutionären Partei zu werden, den bewaffneten Aufstand vorzubereiten, mit der Oktoberrevolution die Regierung zu übernehmen, mit der Gründung der Russischen Sowjetrepublik im November 1917 den ersten sozialistischen Staat der Erde zu schaffen und den Krieg zu beenden. Am VII. Parteitag, im März 1918, in Kommunistische Partei Russlands (Bolschewiki), KPR (B), umbenannt und am VIII. Parteitag 1919 mit einem neuen Programm versehen, führte die Partei die revolutionären Arbeiter und Bauern erfolgreich durch den Bürgerkrieg und gegen die imperialistischen Interventionen, am 30. Dezember 1922 wurde die UdSSR geschaffen.

Anfang März 1919 wurde in Moskau die III. oder Kommunistische Internationale (Komintern, KI) auf Initiative Lenins gegründet. In ihr sammelten sich die neuen kommunistischen Parteien der Welt, unter klarer Abgrenzung zur alten Sozialdemokratie, somit zum Revisionismus und Reformismus. Die Komintern stand naturgemäß unter großem Einfluss der KPR (bzw. ab 1925 der KPdSU), die KPÖ befand sich unter den Gründungsmitgliedern, die größte und wichtigste Komintern-Partei in einem kapitalistischen Land wurde die KPD. Als leitendes Organ zwischen den Weltkongressen wurde 1920 das Exekutivkomitee (EKKI) geschaffen, am selben, 2. Kongress wurden Lenins 21 „Leitsätze über die Bedingungen der Aufnahme in die Kommunistische Internationale“ (LW 31, S. 193-199) angenommen, die der organisatorischen und ideologischen Festigung und der Homogenisierung der Komintern und ihrer Mitglieder dienen sollten. Ab 1924 (5. Weltkongress) – es handelt sich um das Todesjahr Lenins – wurde die „Bolschewisierung“ der Komintern-Mitgliedsparteien aktiver in Angriff genommen. Unter Mithilfe des Komintern-Beauftragten Georgi Dimitroff und unter dem neuen leitenden Funktionär Johann Koplenig (1891-1968) wurde diese Reorganisierung (wichtige Zielsetzung: Betriebszellen) auch in Bezug auf die KPÖ erreicht (trotz weiterer ideologischer Schwächen, die aber auch Irrtümern Sinowjews und Stalins geschuldet waren). In Deutschland geschah Ähnliches unter dem neuen KPD-Vorsitzenden Ernst Thälmann (1886-1944) ab 1925. Die kommunistischen Parteien wurden somit endgültig auf das Organisationsprinzip des demokratischen Zentralismus – das freilich auch der Komintern selbst zugrunde lag –, auf die Theorie des Marxismus und Leninismus (später: Marxismus-Leninismus) sowie auf entsprechende strategische und taktische Vorgaben festgelegt. Für die KPÖ bedeutete dies, dass sie in den verbliebenen wenigen Jahren bis zur Illegalisierung 1933 immerhin so weit neu aufgestellt war, dass sie im antifaschistischen Widerstand 1934-1945 und im nationalen Freiheitskampf 1938-1945 eine zentrale und wichtige Rolle spielen konnte.

Antonio Gramsci zu Partei- und Organisationsfragen

Es ist schon länger zur bizarren Mode der Revisionisten und Reformisten, der Liquidatoren und Antikommunisten geworden, den italienischen Kommunisten Antonio Gramsci (1891-1937) als Kronzeugen gegen Lenin und den Kommunismus zu inszenieren. Dazu passt das altrömische Sprichwort: Qui asinum non potest, stratum caedit. –

Denn um Lenin geht es nur vordergründig. Natürlich wird versucht, mit dem vehementesten Verteidiger des Marxismus gleich in einem Aufwaschen indirekt auch Marx so zurechtzustutzen, dass außer ein wenig Kapitalismuskritik nichts mehr bleibt.

Von Gramsci selbst soll noch weniger bleiben: Natürlich übersieht man gnädig sein Wirken in der KPI und in der Komintern, seine gemeinsam mit Palmiro Togliatti durchgeführte „Bolschewisierung“ der KPI, seine Bewunderung Lenins – ja, seine gesamte politische, ideologische und praktische Tätigkeit vor seiner Inhaftierung im November 1926. Wohingegen man konsequent versucht, aus Gramscis Gefängnisschriften 1929-1935 eine Gegentheorie – gegen Lenin und (etwas subtiler) Marx – zurechtzukonstruieren.

Diese Texte von Gramsci sind freilich nicht in klarer kommunistisch-politischer und marxistischer Terminologie abgefasst, sondern vielerorts in stellvertretenden (historischen) Analogien, mit Synonymen und Umschreibungen, eben in „Sklavensprache“ – dies in Hinblick auf die etwaige Entdeckung und/oder Überprüfung durch die faschistische Gefängnisleitung und die „Justiz“. Das hatte interpretative Folgen: Wer sonst nichts zu tun hat, sucht und findet in mehreren tausend Seiten Gefängnisschriften Gramscis gerne seine große Chance, sein Faible für autistischen Intellektualismus auszuleben und sich mit gammeligen Gramsci-Verwurstungen in aufgeblähten Därmen als Hanswurst der Linken zu bewerben – eine Castingshow der besonders peinlichen Art, rezeptionell zwischen masochistischem Fremdschämen und exhibitionistischem Politporno fürs „special interest“-Publikum angesiedelt.

Sei's drum! Tatsächlich aber meint Gramsci mit der „Philosophie der Praxis“ nichts anderes als den Marxismus selbst, hinter dem Ringen um Hegemonie verbirgt sich letztlich der ideologische Klassenkampf, bei dem es um das Bewusstsein der Arbeiterklasse (und möglicher Verbündeter) geht, und die Zivilgesellschaft ist schlichtweg die Sphäre des nicht unmittelbar staatlich umgesetzten Überbaus in einer gegebenen Gesellschaft, die Ort dieses Klassenkampfes ist. Da ist nichts, was nicht auch Marx und Lenin vertreten haben oder hätten, wenngleich diese freilich andere Schwerpunkte gesetzt haben, weshalb Gramsci durchaus eine Intensivierung dieser Fragen angerechnet werden soll. Doch übertreiben muss man es nicht.

Uns sollen aber insbesondere Partei- und Organisationsfragen bei Gramsci interessieren, wo mit dessen Werk und Wirken auch viel Unfug be- und getrieben wird. Gramsci muss immer dann herhalten, wenn es darum geht, kommunistischen Parteien ihre Identität zu rauben und in pluralistische Bewegungspartikel oder sozialdemokratische Beta-Versionen zu verwandeln, sowie statt dem Kapitalismus einfach die Arbeiterklasse als historisches Subjekt „abzuschaffen". Insofern ist es nützlich, bei Gramsci selbst nachzuschlagen.

Schnell zeigt sich, dass Lug und Trug vorherrschen. Natürlich war Gramsci, der ja auch nicht aus Spaß oder Irrtum Mitglied im Exekutivkomitee der Komintern war, kein Gegner Lenins, der Bolschewiki, der Oktoberrevolution oder der UdSSR. Natürlich standen Gramsci und Lenin auf dem gleichen Boden des Marxismus, des Klassenkampfes und der Revolution. Das einzig Erstaunliche ist, wie sehr die antikommunistischen, angeblichen „Gramscianer" bereit sind, ihren eigenen Intellekt (oder wenigstens ihren Alphabetismus) zu beleidigen, um ihrer Sache einen scheinbar fundierten Anstrich unterzujubeln. Der blättert freilich schnell ab, wenn der bloße Glaube an der Realität gemessen wird. – Tun wir das! Im Folgenden die relevantesten Aussagen Gramscis zum Wesen, zur Organisation und zur Funktion der revolutionären, marxistischen Arbeiterpartei, wobei es nicht einmal nötig ist, ausführlicher zu kommentieren. Man kann Gramsci sehr gut für sich selbst sprechen lassen. Was sagt Gramsci?

Die revolutionäre Partei der Arbeiterklasse muss auf den Grundpositionen des Marxismus stehen, fordert Gramsci (hier konkret in Abgrenzung zur alten SP), „*die Partei müsste demnach in diesen Lehren einen Kompass haben, um sich in den verwirrenden Ereignissen zurechtzufinden, müsste jene Fähigkeit zur historischen Voraussicht haben, die die intelligenten Anhänger der marxistischen Dialektik auszeichnet. Sie müsste einen auf dieser geschichtlichen Voraussicht beruhenden allgemeinen Aktionsplan haben und in der Lage sein, der kämpfenden Arbeiterklasse klare und genaue Losungen zu geben.*"[50] – D.h. die Partei benötigt die revolutionäre Theorie des wissenschaftlichen Sozialismus und muss diese anzuwenden wissen.

Gramsci formuliert als Mission (Aufgabe) der Partei, „*das Proletariat, das nichts war, etwas werden zu lassen, ihm ein Bewusstsein zu*

---

[50] Antonio Gramsci: Die kommunistische Partei, L'Ordine Nuovo, 4.9./9.10.1920

geben, der Befreiungsbewegung eine klare und durchschlagende Richtung zu verleihen, die in großen Zügen dem geschichtlichen Entwicklungsprozess der menschlichen Gesellschaft entsprach.“[51] – D.h., die Arbeiterklasse ist mit dem revolutionären, sozialistischen Bewusstsein zu erfüllen. Hierbei geht es um die unerlässliche „*Arbeit, die die Partei bewältigen muss, um das politische Niveau der Massen zu erhöhen, um sie zu überzeugen, und auf den Boden des revolutionären Klassenkampfes zu führen*“.[52] – Am Beispiel des Kampfes gegen den Faschismus verallgemeinert Gramsci: „*Die Arbeiterklasse musste das Bewusstsein von dieser ihrer Funktion und ihrer Position erst gewinnen ... Wir meinen, dass die Taktik der Partei immer so beschaffen sein muss, wie es unsere Taktik ... war: Die Partei muss die Probleme unverfälscht und unter politischem Aspekt in die Massen tragen, wenn sie Ergebnisse erzielen will.*“[53]

Ohne eine revolutionäre, marxistische Kampfpartei können die Arbeiter ihre historische Mission der Überwindung des Kapitalismus nicht erfüllen, denn „*die charakteristischen Züge der proletarischen Revolution können nur in der Partei der Arbeiterklasse, in der kommunistischen Partei, gefunden werden; sie besteht und entwickelt sich, indem sie die disziplinierte Organisation des Willens ist, einen Staat zu gründen, des Willens, die vorhandenen physischen Kräfte im Sinne des Proletariats zu regeln und die Grundlagen zur Freiheit des Volkes zu legen.*“[54] – Es ist die Pflicht der Revolutionäre, der Arbeiterklasse diese Partei zu bieten: „*Die Kommunisten ... müssen in ihrer Haltung und ihren Aktionen bis zu den letzten Schlussfolgerungen gelangen: sie müssen ... dem italienischen Proletariat die kommunistische Partei geben, die fähig ist, den Arbeiterstaat und die Bedingungen für die kommunistische Gesellschaft zu schaffen.*“[55]

Es ist in diesem Sinne notwendig, dass es „*energische Gruppen von Kommunisten gibt, die ihrer geschichtlichen Aufgabe bewusst sind, die tatkräftig und in der Aktion erfahren sind und fähig, die lokalen Massen des Proletariats zu führen und zu erziehen*“.[56] Dadurch wer-

---

[51] Antonio Gramsci: Die Eroberung des Staates, L’Ordine Nuovo, 12.7.1919
[52] Antonio Gramsci: Rede vor der politischen Kommission des ZK der KPI, 20.1.1926, Protokoll des Parteitags von Lyon, Critica Marxista 1963/5-6
[53] ebd.
[54] Antonio Gramsci: Die kommunistische Partei, L’Ordine Nuovo, 4./9.9.1920
[55] ebd.
[56] ebd.

den die fortgeschrittensten Arbeiter entsprechend befähigt: „*Die kommunistische Partei ist das Instrument und die historische Form eines inneren Befreiungsprozesses, durch den der Arbeiter von einem Ausführenden zu einem Initiator, von der Masse zum Führer, von dem Arm zu Kopf und Willen wird ... so ist es mit dem Arbeiter, wenn er der kommunistischen Partei beitritt, wo er mitarbeitet, ... wo er fühlt, dass er eine Avantgarde bildet, die die ganze Volksmasse mit sich zieht.*“[57] Und dies geht über den Klassenkampf hinaus und ist Bestandteil des Revolution selbst, wie Gramsci am Beispiel der Russischen Revolution zeigt: „*Daher musste man die klassenbewusste Propaganda fortsetzen und die Arbeiter dazu bringen, in die Sowjets Delegierte zu schicken, die von der Notwendigkeit überzeugt waren, dass die Sowjets alle Macht im Land übernähmen. Auch dadurch wird der zutiefst demokratische Charakter der bolschewistischen Handlungsweise deutlich, die die Massen selbst politische Fähigkeit und politisches Bewusstsein erwerben ließ, damit sich die Diktatur des Proletariats in organischer Weise installieren und als ausgereifte Form des ökonomisch-politischen Regimes der Gesellschaft entstehen konnte.*“[58]

Nebenbei bemerkt: Gramsci bekennt sich als wahrer Marxist und Kommunist natürlich zur Diktatur des Proletariats, andernorts stellt er klar: „*Die Auffassung der III. Internationale, wonach der Klassenkampf zur proletarischen Diktatur führen muss, hat sich gegenüber der demokratischen Ideologie durchgesetzt und verbreitet sich unaufhaltsam unter den Massen ... Die proletarische Diktatur will die kapitalistische Produktionsordnung aufheben, will das Privateigentum aufheben, weil nur so die Ausbeutung des Menschen durch den Menschen aufgehoben werden kann. Die proletarische Diktatur will den Klassenunterschied, will den Klassenkampf aufheben, weil nur so die gesellschaftliche, völlige Emanzipation der arbeitenden Klassen möglich ist. Damit dieses Ziel erreicht werden kann, erzieht die kommunistische Partei das Proletariat dazu, seine Klassenmacht zu organisieren und sich dieser wohl gerüsteten Macht zu bedienen, um die bürgerliche Klasse zu beherrschen und die Bedingungen festzulegen, durch die die ausbeutende Klasse aufgelöst wird und nicht wiedererstehen kann. Die Aufgabe der kommunistischen Partei in der proletarischen Diktatur ist deshalb: die Klasse der Arbeiter*

[57] ebd.
[58] Antonio Gramsci: Das Werk Lenins, Il Grido del Popolo, 14.9.1918

und Bauern endgültig in einer herrschenden Klasse zu organisieren; zu kontrollieren, dass alle Organe des neuen Staates wirklich revolutionär arbeiten und die Vorrechte und alten, durch das Prinzip des Privateigentums bedingten Verhältnisse zerstören."[59]

Zur Frage der Partei als Vortrupp stellt Gramsci fest: „*Unsere Partei ist eine Klassenpartei und die politische Organisation der Avantgarde des Proletariats. Aufgabe der Avantgarde des Proletariats ist es, die gesamte Arbeiterklasse zum Aufbau des Sozialismus zu führen.*"[60] Doch dies ist nicht nur einfach ein Anspruch nach außen, sondern v.a. auch nach innen, an sich selbst: „*Die Kommunistische Partei ist nicht nur die Vorhut der Arbeiterklasse. Wenn die Partei im Kampf der Arbeiterklasse wirklich die Führung übernehmen will, muss sie auch deren organisierte Abteilung sein. Im kapitalistischen Regime hat sie äußerst wichtige und vielfältige Aufgaben zu erfüllen. Sie muss das Proletariat auch unter schwierigsten Bedingungen in seinem Kampf leiten und es zur Offensive führen und, wenn die Situation es erfordert, es zum Rückzug führen, um es den Schlägen des Feindes zu entziehen, wenn es damit rechnen muss, von ihm überwältigt zu werden; und sie muss der Masse der Parteilosen die Grundsätze der Disziplin, der Methode der Organisation und der zum Kampfe notwendigen Festigkeit beibringen. Aber die Partei wird ihre Aufgabe nur erfüllen können, wenn sie selbst die Verkörperung der Disziplin und der Organisation ist, wenn sie die organisierte Abteilung des Proletariats ist. Sonst kann sie keinen Anspruch erheben, die Führung der proletarischen Massen zu übernehmen. Die Partei ist also die organisierte Vorhut der Arbeiterklasse.*"[61]

Und die revolutionäre Partei ist die höchste Form der Klassenorganisation der Arbeiterklasse: „*Vor allem vereinigt sie in sich den besten Teil der Arbeiterklasse, eine Avantgarde, die direkt mit den nicht zur Partei gehörenden Organisationen des Proletariats, die häufig von Kommunisten geleitet werden, verbunden ist. Zweitens ist die Partei durch ihre Erfahrung und ihre Autorität die einzige Organisation, die in der Lage ist, den Kampf des Proletariats zu zentralisieren und so die politischen Organisationen der Arbeiterklasse in Verbindungsorgane umzuwandeln. Die Partei ist die höchste Form der*

[59] Antonio Gramsci: Die Gewerkschaften und die Diktatur, L'Ordine Nuovo, 25.10.1919
[60] Antonio Gramsci: Rede vor der politischen Kommission, PT von Lyon, 20.1.1926
[61] Antonio Gramsci: Die Partei des Proletariats, L'Ordine Nuovo, 1.11.1924

Klassenorganisation des Proletariats."[62] – Wie sie sich im Inneren selbst zentralistische Organisationsprinzipien gibt, ist sie auch zur zentralen Leitung des Kampfes der verschiedenen revolutionären und Arbeiterorganisationen historisch berufen, denn „*alle müssen ihre Arbeit unter einer einheitlichen Leitung durchführen, da sie alle einer einzigen Klasse dienen: der Klasse der Proletarier. Wer bestimmt also diese einheitliche Leitung? Welches ist die zentrale Organisation, die sich ausreichend bewährt hat, um diese generelle Linie auszuarbeiten, und die dank ihrer Autorität in der Lage ist, alle diese Organisationen auf diese Linie zu orientieren, die Einheit der Leitung zu erreichen und die Möglichkeit von unbesonnenen Handlungen auszuschalten? Diese Organisation ist die Partei des Proletariats.*"[63]

Um dies zu erfüllen, „*muss es eine Partei geben, die ihre nationale Organisation in den Dienst der proletarischen Revolution stellt, die durch Diskussionen und mit eiserner Disziplin fähige Menschen erzieht, die voraussehen können und die kein Zögern und kein Schwanken kennen.*"[64] – Sie ist daher nach den Prinzipien des demokratischen Zentralismus zu organisieren: „*Auf die Thesen des Zweiten Kongresses der III. Internationale gestützt und in loyaler Disziplin gegenüber der höchsten Autorität der Weltarbeiterbewegung, müssen die aufrichtigen und selbstlosen Kommunisten die notwendige Arbeit leisten ... nominell und de facto die Kommunistische Partei Italiens und Sektion der III. Internationale werden. Denn die kommunistische Fraktion muss sich mit einem organischen und stark zentralisierten Führungsapparat konstituieren, mit eigenen disziplinierten Gliederungen überall dort, wo die Arbeiterklasse arbeitet, sich versammelt und kämpft, und mit einem komplexen Instrumentarium zur Kontrolle, Aktion und Propaganda, das sie in die Lage versetzt, sofort als richtige Partei zu fungieren und sich zu entwickeln.*"[65]

Die Gründung der Italienischen Kommunistischen Partei im Jahre 1921 war notwendig aufgrund des Niedergangs der Sozialistischen Partei: „*Der Grund dafür liegt in ihren Traditionen, im historischen Ursprung ihrer verschiedenen Strömungen, im stillschweigenden*

---

[62] ebd.
[63] ebd.
[64] Antonio Gramsci: Die Hauptverantwortlichen, L'Ordine Nuovo, 20.9.1921
[65] Antonio Gramsci: Die kommunistische Partei, L'Ordine Nuovo, 4.9./9.10.1920

oder expliziten Bündnis mit dem allgemeinen Gewerkschaftsbund ..., in der unbegrenzten Autonomie der Parlamentsgruppe ... Die Sozialistische Partei ist ein Konglomerat von Parteien. Sie bewegt sich, aber kann sich nur träge bewegen. Sie ist ständig der Gefahr ausgesetzt, zur leichten Beute von Abenteurern, Karrieremachern und Ehrgeizlingen ohne Ernst und politische Fähigkeit zu werden. Durch ihre Heterogenität, durch die vielfachen Störungen in ihrem Getriebe, das von den Liebedienern ausgehöhlt und sabotiert wurde, ist sie nie imstande, das Gewicht und die Verantwortung für die revolutionären Initiativen und Aktionen auf sich zu nehmen, die die drohenden Ereignisse unaufhörlich von ihr verlangen. Das erklärt das geschichtliche Paradoxon, dass es in Italien ... nicht die Partei ist, die die Massen führt und erzieht.“[66] – Gramsci wendet sich explizit gegen Beliebigkeit, gegen ideologischen „Pluralismus“, gegen Voluntarismus und die Rolle der Partei als Nachtrab.

Und er stellt fest, es „*ist natürlich und historisch gerechtfertigt, dass sich gerade in einer Zeit wie dieser sich das Problem der Gründung einer kommunistischen Partei stellt, die Ausdruck der proletarischen Avantgarde ist, ein genaues Bewusstsein ihrer geschichtlichen Mission hat, die neue Ordnungen schaffen wird und die Initiatorin und Protagonistin der neuen und neuartigen Geschichtsperiode sein wird.*“[67] Die Revolutionäre, die Marxisten benötigen hierfür „*die ausgesprochene Organisation, die Zentralisierung und die eigene Disziplin ..., um sich rasch entwickeln, das Gefüge der Partei der Arbeiterklasse ... erneuern ... zu können.*“[68]

Die Partei muss sich festigen, organisatorisch ausbreiten, höchste Aktivität entfalten, Masseneinfluss gewinnen und Kaderpolitik betreiben: „*Die erste Aufgabe unserer Partei besteht darin, dass sie sich ihrer historischen Mission entsprechend rüstet. In jeder Fabrik, in jedem Dorf muss es eine kommunistische Zelle geben, die die Partei und die Internationale vertritt, die politisch zu arbeiten versteht, die Initiative hat. Es muss deswegen noch gegen eine gewisse Passivität in unseren eigenen Reihen angegangen werden, gegen die Tendenz, die Reihen unserer Partei klein zu halten. Wir müssen vielmehr eine große Partei werden, wir müssen versuchen, die größtmögliche Anzahl von revolutionären Arbeitern und Bauern an*

[66] ebd.
[67] ebd.
[68] ebd.

unsere Organisationen zu ziehen, um sie zum Kampf zu erziehen, um aus ihnen Organisatoren und Führer der Massen zu machen, um sie politisch anzuheben. Der Arbeiter- und Bauernstaat kann nur aufgebaut werden, wenn die Revolution über viele politisch qualifizierte Elemente verfügt: der Kampf für die Revolution kann nur siegreich geführt werden, wenn die großen Massen in ihren lokalen Formationen von fähigen und aufrichtigen Genossen geführt werden."[69] – All dies ist unterlässlich für das strategische Ziel des Sozialismus.

Im revolutionären Kampf braucht es natürlich Einheitlichkeit: „*Die ganze Partei muss mit all ihren Organismen, aber besonders mit ihrer Presse einheitlich arbeiten, um mit der Arbeit eines jeden einzelnen das beste Ergebnis zu erzielen.*"[70] – Demgegenüber ist jeder Fraktionismus nicht nur abzulehnen, sondern zu bekämpfen: „*Der Kampf gegen den Fraktionismus kann und muss in ihren Reihen mit aller Entschiedenheit geführt werden.*"[71]

Man sieht mittlerweile wohl überdeutlich, die in der Überschrift formulierte Frage: „Lenin oder Gramsci?", stellt sich nicht, denn hier gibt es nichts zu unter- und entscheiden. Die Leninschen Vorstellungen von der Partei – als eigenständige Arbeiterpartei, als marxistische Partei, als Verbindung von Marxismus und Arbeiterklasse, als bewusste und organisierte Vorhut, als höchste Form der Klassenorganisation, als demokratisch-zentralistische Struktur, als einheitliche und disziplinierte Kampforganisation, als Bewusstseins- und Kaderbildnerin, als Lehrerin der Massen sowie als Führerin des Klassenkampfes, der Revolution und des sozialistischen Aufbaus – entsprechen auch Gramscis Standpunkt. Denn Gramsci war ein ausgezeichneter Marxist – und Leninist.

Gramsci versteht die italienische KP eben als „Partei neuen Typs", als leninistische, bolschewistische Partei, wenn er am Parteitag 1926 sagt: „*1921 hat sich unsere Partei auf der Grundlage der Thesen und Beschlüsse der ersten beiden Kongresse der Kommunistischen Internationale konstituiert*" – darunter Lenins 21 Bedingungen für die Komintern-Mitgliedschaft –, und sie bekenne sich auch heute zu dem „*von der Zentrale vertretenen Leninschen System*".[72]

---

[69] Antonio Gramsci: Die italienische Krise, L'Ordine Nuovo, 1.9.1924
[70] ebd.
[71] Antonio Gramsci: Rede vor der politischen Kommission, PT von Lyon, 20.1.1926
[72] ebd.

In diesem Sinne tritt Gramsci auch klar für die „Bolschewisierung" der Komintern-Parteien ein, er *„stellt eine geschichtliche Rechtfertigung voran, die den Wert der Arbeit zur ‚Bolschewisierung' der Parteien des Proletariats unterstreicht, die nach dem V. Weltkongress und der Erweiterten Exekutivtagung vom April 1925 begonnen hat. Zwischen der Arbeit zur ‚Bolschewisierung', die gegenwärtig ihren Abschluss findet, und der Tätigkeit, die Karl Marx in der Arbeiterbewegung ausgeübt hat, besteht eine grundlegende Analogie. Es geht, heute wie damals, darum, gegen jede Abweichung von der Theorie und der Praxis des revolutionären Klassenkampfes aufzutreten; der Kampf vollzieht sich auf dem Gebiet der Ideologie, auf dem der Organisation sowie im Bereich der Taktik und Strategie der Partei des Proletariats."*[73]

Da kommt's jetzt aber ganz dick für die „gramscianischen" Antikommunisten: Gramsci – nicht nur ein Leninist, sondern auch noch ein „Stalinist"? Incredibile!

Wir könnten – und in gewisser Weise wäre es auch naheliegend – nun in weiterer Folge natürlich noch über den weiteren organisatorischen, programmatischen und praktischen Weg etwa der KPdSU oder über den späteren z.B. der SED sprechen, doch haben uns die kommunistischen und revolutionären sozialistischen Parteien in sozialistischen Staaten – nicht nur aus Zeitgründen, sondern auch aus ganz praktischen Erwägungen der Zweckmäßigkeit im vorliegenden Kontext – nur bedingt zu interessieren. Stattdessen wollen wir abschließend noch einen Blick auf die KPÖ der letzten Jahrzehnte werfen. Wir springen daher direkt in die Zweite österreichische Republik bzw. sogar in ein fortgeschrittenes Stadium derselben.

Die KPÖ und ihr marxistisch-leninistisches Erbe

Im letzten marxistisch-leninistischen Parteiprogramm, das in Österreich vorliegt, im KPÖ-Programm „Sozialismus in Österreichs Farben" aus dem Jahr 1982, heißt es im Abschnitt „Funktionen und Wesen der Kommunistischen Partei" zunächst:

„Ohne starke revolutionäre Partei ist auch unter den günstigsten Bedingungen eine Umwälzung überlebter, zuweilen lebensgefährli-

[73] ebd.

cher Verhältnisse nicht möglich. Eine revolutionäre Partei ist, unabhängig von ihrer Größe, unersetzlich für die Arbeiterbewegung: In den Kämpfen des Tages als vorwärtstreibende, in den großen gesellschaftlichen als richtungsweisende Kraft. Die Stärkung der Kommunistischen Partei, ihre Entwicklung zur Massenpartei, ist eine Schlüsselfrage ... für den Sieg des Sozialismus."[74]

Die 1. Feststellung also: Eine eigenständige revolutionäre Partei der Arbeiterklasse ist notwendig, für den Klassenkampf und für die sozialistische Revolution.

„*Die gesamte Tätigkeit und Zielsetzung der KPÖ beruhen auf dem wissenschaftlichen Sozialismus ... Die Lehren von Marx, Engels, Lenin sind eine unentbehrliche Quelle der Erkenntnis der Bewegungsgesetze der Gesellschaft, der realistischen Einschätzung des Gegners, des Erfassens der eigenen Möglichkeiten, der Zuversicht. Ihre theoretischen Sätze sind verallgemeinerter Ausdruck tatsächlicher Verhältnisse im Klassenkampf. Mit den Verhältnissen müssen sie ständig weiterentwickelt werden.*"[75]

2. Punkt: Die revolutionäre Partei arbeitet auf der Grundlage des Marxismus-Leninismus, der angewandt und schöpferisch weiterentwickelt werden muss.

„*Um sich zu festigen und zu entwickeln, brauchen sie* [die Kommunisten; Anm.] *den Meinungsstreit: Gegen den rechten Opportunismus, der nie verlegen war, sich mit der Kapitalherrschaft zu versöhnen, sowie gegen Anarchismus, ‚linken Opportunismus', die den Kampf für Tagesinteressen, für Reformen verschmähen, die vergessen, daß nicht ‚Eliten', nicht Vorsätze die Geschichte machen, sondern die Massen.*"[76]

3. Die revolutionäre Partei grenzt sich vom Opportunismus ab, hält sich fern vom Revisionismus und Reformismus, aber auch vom „linken Radikalismus".

„*Erst die Verbindung wissenschaftlicher Erkenntnisse mit der Arbeiterbewegung hat den wissenschaftlichen Sozialismus ergeben, und*

---

[74] Sozialismus in Österreichs Farben – Programm der KPÖ, Wien 1982, S. 56/57

[75] ebd., S. 57

[76] ebd., S. 57/58

erst die Verbindung mit der Wissenschaft die moderne Arbeiterbewegung. Diese enge Verbindung ist kein einmaliger Akt. Sie muß immer wieder vollzogen werden. Unabdingbar dafür ist die in der Arbeiterklasse verwurzelte, revolutionäre Partei.“[77]

4. Die revolutionäre Partei steht für die Verbindung des wissenschaftlichen Sozialismus mit der Arbeiterklasse.

„*Als eine ihrer wichtigsten Aufgaben verstehen sie* [die Kommunisten] *die allseitige Enthüllung: die beharrliche und geduldige Darlegung der wichtigsten gesellschaftlichen Zusammenhänge ... Kommunisten halten es für ihre ureigenste Pflicht, der Arbeiterklasse und allen Opfern des staatsmonopolistischen Systems die Gemeinsamkeit wichtiger Interessen ..., ihren unversöhnlichen Gegensatz zum Macht- und Profitstreben des Großkapitals bewußt zu machen.*“[78]

5. Die revolutionäre Partei wirkt für die Aufklärung der Massen und für die Entwicklung eines revolutionären, sozialistischen Bewusstseins in der Arbeiterklasse.

„*Aufbau und Arbeitsweise der Kommunistischen Partei als freiwillige Kampfgemeinschaft werden nach selbst bestimmten Normen geregelt ... Ihr Kern ist der demokratische Zentralismus ... Er verbindet breiteste innerparteiliche Demokratie mit der zentralisierten Einheit des Handelns, ... gründet sich: auf das Recht aller Mitglieder, an Erörterung und Erarbeitung der Politik der Partei mitzuwirken; auf das Recht zur geheimen Wahl aller Leitungen von unten nach oben; auf die Rechenschaftspflicht aller gewählten Organe und aller Organisationen an übergeordnete Leitungen und der Leitungen gegenüber den Mitgliedern und Organisationen. Beschlüsse werden nach demokratischer Diskussion mit Mehrheit gefaßt. Die Mitglieder verpflichten sich, diese Beschlüsse zu vertreten und durchzuführen. Beschlüsse übergeordneter Organe sind für alle Organe und Mitglieder verbindlich. Höchstes Organ ist der Parteitag, zwischen den Parteitagen das von ihm gewählte Zentralkomitee. Pflicht aller Leitungen und Mitglieder ist es, auf maximale Einhaltung der Normen zu achten. Fraktionsbildungen sind unvereinbar mit Einheit des Handelns und diesen Normen.*“[79]

---

[77] ebd., S. 58
[78] ebd., S. 58
[79] ebd., S. 58/59

6. Das Organisationsprinzip der revolutionären Partei ist der demokratische Zentralismus.

„Die Partei braucht die Mitgestaltung und Umsetzung der Politik durch die Grundorganisationen ... Der Tätigkeit entscheidet weitgehend über Kampf- und Ausstrahlungskraft der Partei. Diese können jeweils nur so stark sein, wie die Vielzahl von Organisationen, wie die Tätigkeiten und Verbindungen nach außen, wie die Vielfalt von Erfahrungen, die dadurch erfaßt werden. In den Grundorganisationen hat jeder Kommunist die Möglichkeit, sowohl zur Linie der Partei Stellung zu nehmen als auch an ihrer Konkretisierung mitzuarbeiten, Vorschläge einzubringen und Kritik zu üben. In der Grundorganisation kann jeder Kommunist politische Erfahrung sammeln und auswerten, Antworten auf seine Fragen finden. In der Grundorganisation kann jeder Kommunist zur Umsetzung der Parteibeschlüsse und durch die Stärkung der Organisation zur Stärkung der Gesamtpartei beitragen.“[80]

7. Die Grundorganisationen sind das unmittelbare Tätigkeitsfeld der Mitglieder und somit von größter Wichtigkeit für die Außenwirkung der Partei, denn sie sind das Bindeglied der Partei zur Klasse. Die Grundorganisationen gewährleisten außerdem die Verbindung der Mitglieder mit der Parteipolitik.

Diese Punkte markieren in aller Deutlichkeit das Wesen, die Organisation und die Funktionen einer Partei, wie sie sich Marx, Engels und Lenin vorgestellt hätten. Heute, 30 Jahre nach diesen Markierungen, maßgeblich von Ernst Wimmer (1924-1991) formuliert, erfüllt die KPÖ natürlich keinen dieser Punkte mehr – und will das auch gar nicht. Diese Tatsache ist hinlänglich bekannt. Ein Ergebnis dieser Tatsache war bereits im Jahr 2005 die Gründung der Kommunistischen Initiative (KI) als eigenständige Organisation, deren Ziel die Schaffung einer marxistisch-leninistischen Partei der österreichischen Arbeiterklasse war und ist.

Diese Partei ist notwendig – und niemand sonst wird sie begründen und aufbauen können oder wollen. Das bedeutet, es ist nicht nur unsere Aufgabe, sondern unsere Pflicht, alle Kräfte dafür zu konzentrieren, dies in die Tat umzusetzen. Dabei können wir uns auf die

---

[80] ebd., S. 59/60

theoretischen und praktischen Vorgaben von Marx, Engels und Lenin stützen, auf die historischen Erfahrungen der drei Internationalen sowie auf das revolutionäre Erbe der Hainfelder Sozialdemokratie und der früheren marxistisch-leninistischen KPÖ. Das neue Kapitel aber müssen wir selbst schreiben. Und es ist höchste Zeit dafür.

David Lang

Die marxistisch-leninistische Partei und die Organisierung der Jugend

Grundsätzlich gilt Vieles, das im Rahmen der Beiträge von Tibor Zenker über die marxistisch-leninistische Partei Erwähnung fand, genauso für eine sich als marxistisch-leninistisch verstehende Jugendorganisation. Ein bloßes Umlegen der vorangestellten Artikel zur Partei auf eine Organisation von jungen Menschen wäre allerdings zu kurz gegriffen.

Doch nicht nur deshalb ist dieser Beitrag notwendig. Sondern auch, weil sich die kommunistischen Jugendorganisationen in Österreich, die Kommunistische Jugend Österreichs (KJÖ) und der Kommunistische StudentInnenverband (KSV), in einer Situation befinden, über die getrost gesagt werden kann, dass sie noch nie da gewesen ist. Bedingt durch das Fehlen einer bundesweiten Partei der Arbeiterklasse können sie die wohl offensichtlichste Aufgabe der Jugendorganisationen – nämlich die Heranführung von jungen Menschen an eine Partei und die Mobilisierung für eine Partei – nicht ausreichend erfüllen.

Was ist eine Jugendorganisation?

Grundsätzlich und namensgebend sammeln sich in einer Jugendorganisation eben Jugendliche und junge Menschen. Die Definition von dem, was jung ist, bleibt jedem selbst überlassen. In der KJÖ beispielsweise reicht die ordentliche Mitgliedschaft bis zur Vollendung des 30. Lebensjahres, im KSV bis zum Abschluss des Studiums. Andere kommunistische Jugendverbände besitzen keinerlei altersbedingte Schranken. Dennoch scheidet man früher oder später naturgemäß aus und findet – wenn denn die Einstellung noch vorhanden ist – in einer „Erwachsenenorganisation" seine politische Heimat.

Jugendliche organisieren sich aus unterschiedlichen Gründen. Sei es wegen dem Dabeisein, dem sozialen Zusammensein, aus Idealismus oder wegen der Einsicht in die Dinge und den Willen, eben diese zu ändern. Jedenfalls immer deshalb, weil es für sie einen Sinn macht.

Eine Jugendorganisation ist also eine Organisation, in der sich junge Menschen, aus Gründen, die sich aus dem Zweck, den Inhalten und der Arbeit dieser Organisation ergeben, zusammenschließen. So weit, so wenig überraschend.

Die kommunistischen Jugendverbände

Sucht man nach Literatur zur Organisierung der Jugend in unserem Sinne, wird man am ausgiebigsten bei Lenin fündig. Die bereits behandelten Eckpunkte zur marxistisch-leninistischen Partei sind für eine Jugendorganisation ebenso gültig. Dies betrifft beispielsweise den demokratischen Zentralismus, die Organisationspolitik sowie die inhaltliche Ausrichtung. Dennoch sollen die Besonderheiten der Jugendverbände nicht verschwiegen werden.

Die Literatur zur kommunistischen Jugendorganisation geht in der Regel davon aus, dass es eine Partei der Arbeiterklasse gibt. Zu dieser Partei steht dann ein Jugendverband in einem mehr oder weniger engen Bezug. Gewissermaßen wollen KJÖ und KSV zwar ebendiesen Ansprüchen gerecht werden, allerdings ist eine dementsprechende Partei noch nicht vorhanden.

Vieles in Lenins Schriften, die auf den Jugendverband Bezug nehmen, ist zwar nicht falsch, entspricht nun aber schlicht und ergreifend nicht der heutigen Situation. Einfach aus dem Grund, dass viele Aufgaben auf den Aufbau der sozialistischen Gesellschaft ausgerichtet sind, die heutzutage alles andere als auf der Tagesordnung steht.

Ausgehend davon, dass es an der Jugend läge, die künftige Gesellschaftsordnung zu schaffen, meint Lenin, dass die Aufgaben der Jugend und der kommunistischen Jugendverbände in einem Wort zu beschreiben ist: „*Die Aufgabe besteht darin, zu lernen.*“[1] Dieses Lernen passiert für Lenin freilich fern von Dogmatismus oder einem Nachbeten von Schriften. Denn die Aneignung theoretischer Punkte ist „*ohne Arbeit, ohne Kampf ... keinen Pfifferling wert.*“[2] Er spricht nie von bloßer Aneignung, sondern immer auch von kritischer Aneignung. An dieser Stelle erscheint es ratsam, aufbauend auf zwei kurzen Zitaten und dem bereits Dargelegten Schlussfolgerungen zu entwickeln:

„Ihr sollt Kommunisten aus euch erziehen. Die Aufgabe des Jugendverbandes ist es, seine praktische Tätigkeit so zu gestalten, dass diese Jugend, indem sie lernt, sich organisiert, sich zusammenschließt und kämpft, sich selbst und diejenigen erzieht, die in ihr den Führer sehen, dass sie Kommunisten erzieht.“[3]

Die Jugend „*kann den Kommunismus nur studieren, wenn sie jeden Schritt ihrer Schulung, Erziehung und Bildung mit dem ununterbrochenen Kampf der Proletarier und Werktätigen gegen die alte Ausbeutergesellschaft verknüpft.*“[4]

Daraus kann man folgende Punkte ableiten:

1. „Ihr sollt Kommunisten aus euch erziehen.“ – Es kommt also kein fix-fertiger Kommunist in den kommunistischen Jugendverband, sondern man wird erst durch sein Wirken in diesem Verband und durch den Kampf Schulter an Schulter mit GenossInnen zu einem Kommunisten. Daraus abgeleitet ist der Kommunistische Jugendverband nicht als Kaderorganisation konzipiert.

2. Die Jugend organisiert sich selbst, um ihre Aufgabe zu erfüllen. Sie erzieht sich selbst. Daraus folgt die Notwendigkeit einer eigenständigen Organisation. Das ist schon deshalb logisch, weil Menschen mit ähnlichen Lebensbedingungen zusammengeschlossen zielgerichteter und effektiver kämpfen können. In einer entsprechenden Partei gilt es dann freilich, die Jugendverbände in ihre Gremien einzubinden, sie zu unterstützen, ihnen im gleichen Atemzug aber auch eine selbstständige Entwicklung zuzugestehen.

3. Der Jugendverband hat Schulungs- und Erziehungsarbeit im besten und umfangreichsten Sinne zu leisten.

4. Man kann den Jugendverband nicht als von gesellschaftlichen Auseinandersetzungen abgekapselten Studierklub verstehen, sondern als Organisation, die aktiv in Kämpfe eingreift.

5. Lenin geht, wie gesagt, von der Situation einer revolutionären Partei mit einem revolutionären Jugendverband aus, vom Jugendverband als Teil der revolutionären Arbeiterbewegung. Diese Situation ist nicht heute nicht mehr bzw. noch nicht vorhanden. Aus rein biologischen Erwägungen wäre es aber eher unklug, sich nicht mit die-

ser Frage auseinanderzusetzen. Daraus folgt für die Jugendverbände, wenn sie sich nicht selbst ad absurdum führen wollen, die Aufgabe, ihre Kräfte zur Schaffung einer ebensolchen Partei einzusetzen.

Jüngere Geschichte der Jugendverbände

Der endgültige Bruch mit der KPÖ und die Auseinandersetzungen rund um den Parteikonflikt haben klarerweise die Arbeit der Jugendverbände in vielen Bereichen nicht nur erschwert, sondern fürs Erste auch unmöglich gemacht.

Auch wenn es schon passieren kann, dass einen das durchaus mühsame politische Tagesgeschäft frustriert und manche vielleicht den Eindruck erhalten, dass zu wenig oder nichts weiter geht: Gerade die Entwicklung der Jugendorganisationen innerhalb der letzten, (Bundes-)KPÖ-losen Jahre hat gezeigt, dass doch was weitergeht.

In mehreren Landes- und Bezirkshauptstädten arbeiten Gruppen junger KommunistInnen, von deren Größe und Aktivität selbst die Sozialistische Jugend nur träumen kann. Die Jugendverbände haben es geschafft, selbstständig ihre Schulungstätigkeit wieder aufzunehmen und auf einem hohen Niveau zu stabilisieren. Dadurch herrscht ein hohes ideologisches Level in den Organisationen, wodurch die tägliche politische Arbeit erleichtert wird.

Es scheint gelungen zu sein, die Arbeit der Jugendverbände auf ein neues Niveau zu heben. Es ist durch harte Arbeit gelungen, sie wieder zu einem Faktor in der österreichischen Linken zu machen, die vielfach als verlässliche und solidarische Bündnispartnerinnen anerkannt sind.

Am gemeinsamen Bundeskongress von KJÖ und KSV wurde im Februar 2012 erstmals eine ausführliche Handlungsorientierung beschlossen, die die wesentlichen Bereiche ihrer Arbeit in den kommenden Jahren abdeckt. Es wurde ein Zukunftsprogramm beschlossen, das mit verständlichen Worten die Weltanschauung von Kommunistinnen und Kommunisten vermittelt.

Die Anwesenheit von Genossinnen und Genossen von Schwesterorganisation aus Israel, Deutschland, Griechenland, Kuba und der Schweiz auf diesem Kongress zeigte die internationale Vernetzung ebenso wie die Teilnahme von Mitgliedern von KJÖ und/oder KSV an Kongressen unserer Schwesterorganisationen, unter anderem in Griechenland, Deutschland oder Katalonien, ebenso unsere Teilnahme an den jährlich stattfindenden Treffen der Europäischen Kommunistischen Jugendorganisationen oder die Tatsache, dass die KJÖ 2011 Gastgeberin des Treffens der „Koordination Europa und Nordamerika“ (CENA) des Weltbundes der Demokratischen Jugend (WBDJ) in Wien war.

Untern Strich lässt sich mit Sicherheit sagen, dass die Jugendverbände die Parteiauseinandersetzung nicht schlecht weggesteckt haben. Das befreit sie aber natürlich nicht von der allgemeinen Frage der Partei.

Vorwärts immer, rückwärts nimmer

Es war in der jüngeren Vergangenheit zwingend notwendig, alle vorhandenen Kräfte in den eigenen Organisationsaufbau zu stecken, ohne sich großartig über den Aufbau einer kommunistischen Partei Gedanken zu machen. Das war schlicht dazu notwendig, um politisch zu überleben. Momentan ist wohl das Stadium erreicht, mehr zu machen, und dieser Aufgabe müssen sich die Jugendverbände genauso wie alle ernst zu nehmenden Kommunistinnen und Kommunisten in Österreich stellen.

Endnoten:

[1] W. I. Lenin: Die Aufgaben der Jugendverbände, in: Lenin, Über die Jugend, Berlin 1973, S. 275
[2] Ebenda, S. 276
[3] Ebenda, S. 283
[4] Ebenda, S. 286

Tibor Zenker

Der demokratische Zentralismus in der marxistisch-leninistischen Partei

Der demokratische Zentralismus als Organisationsprinzip der revolutionären Partei der Arbeiterklasse wurde bereits von Karl Marx und Friedrich Engels im Kern entwickelt und vertreten, er wird aber vor allem in seiner Weiterentwicklung durch W. I. Lenin als organisatorische normative Grundlage der „Partei neuen Typs" verstanden.

Die beiden Hauptelemente des demokratischen Zentralismus sind die innerparteiliche Demokratie und die zentrale Leitung der Partei, wobei beide Elemente im richtigen Verhältnis zueinander stehen müssen. Dem entspricht auch ein demokratisch-zentralistischer Aufbau in organisatorischen Strukturen von unten nach oben. Weitere Prinzipien sind: Kontrolle, Einheitlichkeit, Verbindlichkeit und Disziplin. Diese organisatorischen Prinzipien sind keine starren Dogmen, die nur eine einzig wahre Auslegung erlauben, sondern die Partei als freiwilliger Zusammenschluss wendet diese Prinzipien in Form von selbst beschlossenen Normen an, wobei durchaus unterschiedliche Organisationsformen zulässig sind.

Struktur und Wählbarkeit

Der strukturelle Aufbau von unten nach oben geht einher mit dem demokratischen Prinzip der (geheimen) Wählbarkeit der Leitungen von unten nach oben sowie mit der regelmäßigen Rechenschaftspflicht der Leitungen vor ihrem jeweiligen Wahlkörper.

Die Partei als Organisation unterteilt sich in verschiedene Parteiorganisationen und diese Struktur könnte im österreichischen Fall in etwa folgendermaßen aussehen: Auf unterster Ebene wirken die Grundorganisationen, in denen sich Parteimitglieder üblicherweise aufgrund territorialer, d.h. konkret geografisch-lokaler Einheit (Wohnorganisationen) oder aufgrund betrieblicher Einheit am Arbeitsplatz (Betriebsorganisationen) zusammenschließen. Mehrere Grundorganisationen einer Gemeinde bilden gegebenenfalls gemeinsam eine Ortsorganisation, mehrere Ortsorganisationen eine Bezirksorganisation, mehrere Bezirksorganisationen eine Landesorganisation und die Landesorganisationen die Bundesorganisation. Dies entspricht in seiner Zweckmäßigkeit im Wesentlichen dem politischen Aufbau des Staates, in unserem Fall also der Republik Österreich. In der Praxis wird sich der Aufbau einer Partei, die nicht massenhaft Mitglieder hat, natürlich davon unterscheiden, d.h. verschiedene Ebenen werden einfach „ausfallen". Außerdem bildet in Österreich Wien als Gemeinde und Bundesland zugleich einen Sonderfall. Es besteht die Möglichkeit, über den „normalen" Aufbau hinaus zweckmäßige Sonderorganisationen als Einheiten zu schaffen, z.B. Sektionen als Untereinheiten einer großen Orts- oder Bezirksorganisation oder Gebietsorganisationen als eine mehrere Bezirke umfassende Einheit. Eine solche Entscheidung bzw. sonstige Abweichungen vom politischen Aufbau hat immer die nächst höhere existierende Leitung zu fassen. Dieser Leitung obliegt es auch, eine neue Grundorganisation zu legitimieren.

Die Partei als Organisation besteht nun nicht nur aus ihren Organisationen, sondern sie hat bzw. gibt sich auch Parteiorgane bzw. Instanzen. Dies sind einerseits auf den unteren Ebenen die der jeweiligen Organisation entsprechenden, regelmäßig durchzuführenden Konferenzen (Mitgliederversammlungen oder Delegiertenkonferenzen – dies ist freilich von der Größe der jeweiligen Organisation, d.h. von der Mitgliederzahl abhängig, und entspricht dem demokratischen Prinzip der allgemeinen Teilnahmeberechtigung oder eben der Wählbarkeit der Delegierten). Diese Konferenzen sind auf ihrer Ebene jeweils die höchste Instanz der Parteiorganisationen. Für die Zeit zwischen den Konferenzen werden zentrale Leitungen gewählt, d.h. Orts-, Bezirks- oder Landeskonferenzen wählen Orts-, Bezirks- oder Landesleitungen, die zwischen den Konferenzen als höchste Organe wirken. Sie sind auf der nächsten Konferenz den für diese Konferenz gewählten Delegierten bzw. den Mitgliedern rechenschaftspflichtig. Der jeweiligen Leitung wird von der Konferenz üblicherweise ein Kontrollgremium zur Seite gestellt, das der nächsten Konferenz zur Finanzgebarung Bericht zu erstatten hat.

Die Grundorganisationen als unterste Parteiorganisation – unter der Voraussetzung, dass es darunter keine weiteren Basisgruppen oder Zellen gibt – führen keine Delegiertenkonferenzen durch, ihre höchste Instanz ist unbedingt die Mitgliederversammlung. Diese wählt auch kein leitendes Organ im eigentlichen Sinn, sondern lediglich einen Ausschuss für organisatorische Belange, ohne Entscheidungsbefugnisse über oder unabhängig von den Organisationsmitgliedern und der Mitgliederversammlung. Das ist von äußerster Wichtigkeit, denn in den Grundorganisationen sollte im Sinne der unmittelbaren Demokratie die grundsätzliche Möglichkeit zur vollen Teilnahme und Mitwirkung aller Mitglieder an Entscheidungsprozessen und Beschlüssen gewährleistet sein. D.h. auf dieser – der untersten – Ebene sollte es keine Schwelle für die vollständige demokratische Partizipation geben. Und das bedeutet auch: Die Mitgliederversammlungen finden oft genug statt, dass eine entscheidungsberechtigte Leitung, die zwischen diesen Treffen Beschlüsse fasst, eben ohnedies nicht nötig ist. In den Grundorganisationen hat jedes Mitglied außerdem das Recht, zur Parteilinie Stellung zu nehmen, an deren Konkretisierung mitzuarbeiten, Vorschläge zu machen und Kritik zu üben. Etwaige diesbezügliche Beschlüsse sind der betroffenen Leitung zur Kenntnis zu bringen und diese hat sich auch damit auseinanderzusetzen.

Die absolut höchste Instanz der Partei ist – analog zu den unteren Ebenen – die regelmäßige Bundeskonferenz, üblicherweise als Parteitag bezeichnet. Alle Parteiorganisationen sind durch ihre höchste Instanz (Konferenz oder Mitgliederversammlung) oder ihre Leitung berechtigt, im Vorfeld Anträge an den Parteitag einzubringen, die von diesem zu behandeln sind. Am Parteitag wird außerdem von den Delegierten bzw. Parteimitgliedern die zentrale Leitung der Gesamtpartei gewählt (Bundesvorstand oder Zentralkomitee). Zwischen den Parteitagen übernimmt der Bundsparteivorstand als höchstes Organ die Führung der Gesamtpartei. Im Bundesvorstand haben dessen Mitglieder bestimmte Aufgabengebiete: Während v.a. der/die Vorsitzende, aber auch Stellvertreter, Sekretäre und Finanzverantwortliche auch von der Bundeskonferenz direkt gewählt werden können, wird die weitere Aufgabenteilung vom Vorstand selbst entschieden (z.B. internationale Beziehungen, Bildungs- und Schulungsarbeit oder Chefredaktion des Zentralorgans etc.).

Demokratie, Einheit und Disziplin

Die Parteiorganisationen, -instanzen und -organe fassen Beschlüsse mit einfacher Mehrheit (eventuell unter Ausnahme existenzieller Fragen). Beschlussfassungen und Meinungsbildungen haben unter dem Gesichtspunkt zu erfolgen, dass offen und kameradschaftlich diskutiert wird, dass jedes ordentliche Mitglied einer Parteiorganisation, einer Konferenz oder eines Organs das Recht hat, zu jedem

Thema seine Meinung zu äußern und zu vertreten, sowie dass natürlich jede Stimme gleichwertig ist.

Ist einmal eine Meinung gebildet und ein Beschluss demokratisch gefasst worden, so ordnet sich die Minderheit der Mehrheit in dem Sinne unter, dass sie verpflichtet ist, den Mehrheitsbeschluss zu vertreten und durchzuführen. Ebenso sind Beschlüsse übergeordneter Organe für untergeordnete Organe und alle Mitglieder verbindlich. Doch selbstverständlich hat jedes Mitglied das Recht, einen anderen Standpunkt als jenen, der im Mehrheitsbeschluss zum Ausdruck kommt, persönlich beizubehalten. Dies darf aber nicht zulasten der *Einheit des Handelns* der Partei gehen.

Das Prinzip der *Verbindlichkeit der Beschlüsse* ist für die Einheit der Partei von größter Bedeutung. Es ist daher die Pflicht aller Leitungen und Mitglieder, auf die Einhaltung dieser Bestimmungen zu achten. Im größten Maße sind Fraktionsbildungen unvereinbar mit der Einheit des Handelns. Die Willens- und Handlungseinheit der Partei ist natürlich von immenser Relevanz nicht nur für die Außenwirkung der Partei, sondern auch für ihre Fähigkeit, eine zielgerichtete Politik zu vertreten, ihre Aufgaben umzusetzen und Funktionen zu erfüllen, letztlich: ihr strategisches Ziel zu erreichen. Es ist daher bei der einheitlichen Durchführung von Beschlüssen maximale *Disziplin* der Mitglieder erforderlich.

Selbstverständlich gibt es keine Beschlussfolge in der anderen Richtung, d.h. von unten nach oben. Das bedeutet, dass keine untergeordnete Organisation oder Instanz und kein untergeordnetes Organ sich mittels eigenen Beschlusses über einen bereits bestehenden Beschluss einer übergeordneten Instanz oder eines solchen Organs hinwegsetzen darf. Eine angestrebte Beschlussänderung (zumeist im Sinne einer Positionsänderung, denn praktisch durchgeführte Beschlüsse sind ja nicht mehr rückgängig zu machen) ist natürlich sehr wohl zulässig, jedoch immer im höchsten, für die Fragestellung verantwortlichen Organ (d.h. Konferenz oder Leitung) zu beantragen. Das letzte Wort hat immer der Bundesparteitag als höchste Instanz.

In diesem Zusammenhang ist es noch wichtig, darauf hinzuweisen, dass es keine Verbindlichkeit und keine Festlegung für Delegierte auf Konferenzen gibt, also kein „gebundenes Mandat". Ein Delegierter ist nicht verpflichtet, einen Antrag, den die ihn delegierende Organisation stellt, zu unterstützen. Dies gilt deshalb, weil der gewählte Delegierte als Konferenz- oder gar Parteitagsdelegierter selbst Mitglied einer höheren Instanz als der ihn delegierenden ist. Selbiges gilt natürlich auch für Konferenzen, die als Mitgliederversammlungen durchgeführt werden: Ein Antrag der eigenen Organisation muss nicht zwangsläufig unterstützt werden. Jeder Delegierte oder jedes Mitglied einer Konferenz hat also das demokratische Recht, gemäß seinem eigenen Standpunkt zu sprechen, zu handeln, abzustimmen und zu wählen sowie nach eigenem Ermessen Anträge zu jedem beliebigen Tagesordnungspunkt zu stellen.

Anforderungen an die Mitgliedschaft

Das Statut einer marxistisch-leninistischen Partei verlangt von jedem Mitglied üblicherweise zunächst drei Bedingungen für die Mitgliedschaft: 1. die materielle Unterstützung der Partei, d.h. die Bezahlung des Mitgliedsbeitrages, 2. das Bekenntnis zu den programmatischen Grundsätzen der Partei, 3. die Mitarbeit in einer der Parteiorganisationen (im Rahmen der jeweiligen Möglichkeiten).

Während sich Punkt eins von selbst versteht, ist Punkt 2 durchaus zu konkretisieren. Denn nun mag für jeden Neubeitritt das *Bekenntnis zu den programmatischen Grundsätzen* reichen, von jedem Mitglied ist in weiterer Folge jedoch auch die *umfassende Kenntnis des Parteiprogramms* gefordert. Jedes Mitglied soll in der Lage sein, das Programm der Partei zu erklären, zu vertreten und zu begründen, aber auch es konkret anzuwenden auf spezielle Fragestellungen der politischen Tätigkeit und des Klassenkampfes. Daneben sollen die Mitglieder ganz grundsätzlich bemüht sein, ihr *marxistisch-leninistisches Wissen* stets zu erweitern.

Der dritte Punkt, die geforderte *Aktivität der Mitglieder*, ist natürlich eine ganz zentrale Existenzbedingung einer erfolgreichen Partei, denn davon hängen ihre Außenwirkung und ihr Einfluss ab. Wie der Berg nicht zum Propheten kommt, kommt die Masse der Arbeiter nicht von alleine zur marxistisch-leninistischen Partei. Die Mitglieder müssen sich selbst mitten in die Masse begeben und dort engagiert im Sinne der Partei tätig sein, im Betrieb, am Wohnort, im Bekanntenkreis oder auch in Freizeitzusammenhängen, in Arbeitskämpfen und in antiimperialistischen Auseinandersetzungen, bei

Kundgebungen, öffentlichen Diskussionen und in persönlichen Gesprächen, bei Verteilaktionen und im Rahmen von Wahlkämpfen, in Partei- und – wo möglich – in öffentlichen Medien etc. Dabei werden sich automatisch umgekehrt auch die praktischen und agitatorischen, aber auch die organisatorischen Fähigkeiten der Mitglieder weiterentwickeln und festigen. – Es versteht sich von selbst, dass es immer Parteimitglieder geben wird, die aufgrund ihrer Arbeitsbedingungen, ihrer Familiensituation, aus gesundheitlichen Gründen oder wegen anderen Problemen nur begrenzt oder gar nicht aktiv für die Partei tätig sein können. Selbstverständlich ist derartiges kein Ausschlussgrund, sondern ein Anlass für solidarische Unterstützung.

Es gibt darüber hinaus einige weitere Anforderungen an die Mitgliedschaft, die zwar nicht unbedingt explizit in einem vom demokratischen Zentralismus durchdrungenen Parteistatut zu finden sein werden, sich jedoch sinngemäß ableiten lassen bzw. folgerichtig ergeben:

Wie bereits gehört, ist es die Aufgabe jedes Mitglieds, sich nicht nur selbst den *Prinzipien der demokratischen Meinungsfindung, der Verbindlichkeit der Beschlüsse und der Einheit des Handelns* – somit der *Parteidisziplin* – zu unterwerfen, sondern auch darauf zu achten, dass diese Prinzipien von allen leitenden Organen, Konferenzen, Organisationen und anderen Mitgliedern befolgt werden. Es ist nicht nur das Recht, sondern vielmehr die Pflicht jedes Mitglieds, auf eine Verletzung der Parteinormen hinzuweisen.

Kollektivität und persönliche Verantwortung sind in der Partei gleichermaßen wichtig, nämlich in den Leitungsorganen, in spezifisch geschaffenen Arbeitsgruppen und gewissermaßen auch in den Mitgliederversammlungen der Grundorganisationen, weshalb nicht nur Leitungsmitglieder, sondern alle Parteimitglieder davon betroffen sind. Das Verständnis der Leitungsorgane (bzw. einer AG oder einer MV einer GO) als *kollektive Leitung* bzw. ein (de facto) *Kollektivorgan* bedeutet, dass diese ihre Sitzungen (Treffen) als gemeinsame, offene und nicht von Einzelpersonen oder Gruppen vorab determinierte Beratungen durchzuführen haben, dass sich Einzelpersonen Entscheidungsgewalten weder anmaßen noch solche ihnen von den restlichen Leitungsmitgliedern aufgebürdet werden dürfen, dass gemeinsame Beschlüsse gefasst werden, für die auch das Kollektiv die Verantwortung trägt. Demgegenüber steht die *persönliche Ver-*

antwortung, die Funktionäre oder Mitglieder tragen und die diesen von einer Konferenz, einer Mitgliederversammlung oder einem Leitungsorgan übertragen wurden. Die übernommenen Aufgaben, seien es allgemeine aufgrund statutarischer Funktionen oder spezielle aufgrund von (eventuell nur informeller) Arbeitsteilung, sind gewissenhaft, verlässlich und möglichst unverzüglich zu erfüllen. Ein Funktionär oder Mitglied, der/das die Erfüllung seiner Aufgaben entscheidend vernachlässigt oder zur Gänze unterlässt, wird von der Konferenz, der Mitgliederversammlung oder dem Organ, die/das ihn gewählt bzw. bestimmt hat, in demokratischer Entscheidung zur Verantwortung gezogen: nämlich über den möglichen Entzug einer Funktion oder Aufgabe bzw. über eine mögliche nicht gegebene neuerliche Nominierung oder Wiederwahl.

Kritik und Selbstkritik sollen der Partei, ihren Organen und ihren Mitgliedern helfen, Fehler und Mängel in der Arbeit und politischen Orientierung zu überwinden. Dabei geht es um konstruktive politische, fachliche oder wissenschaftliche Auseinandersetzungen, nicht nur innerhalb der Partei, sondern auch in der Interaktion mit den Massen. Es gilt, Kritik argumentativ und sachlich vorzubringen, geäußerte Kritik ernst zu nehmen, genau zu analysieren und kritisch und selbstkritisch Stellung zu beziehen. Fehler sind nicht zu vertuschen, sondern offen zuzugeben, schnell zu korrigieren und zum Lernen zu nützen. In diesem Prozess ist auf Kameradschaftlichkeit, gegenseitige Hilfe, Respekt und Solidarität zu achten. Überheblichkeit, persönliche Diffamierung, Herabwürdigung und wahrlich nicht zuletzt Konformitätsdruck haben dabei nichts verloren.

Die Aufnahme neuer Mitglieder erfolgt durch Beschluss des nächsten höheren Leitungsorgans, in dessen Bereich die für dieses Mitglied zuständige Parteiorganisation liegt. Selbiges Prinzip gilt für Parteiausschlüsse. Eine Berufung (an eine höhere Leitung bzw. die zentrale Leitung) ist jeweils möglich, in letzter Instanz entscheidet immer der Parteitag.

Zentrale Leitung und Kaderpolitik

Der zentralen Leitung, die vom Parteitag gewählt wird, obliegt die Führung und Leitung der Parteiarbeit. Sie ist die höchste Instanz nach und zwischen den Parteitagen. Sie entscheidet in politischen, ideologischen und strategischen Fragen auf Grundlage des Parteiprogramms und der Ergebnisse des letzten Parteitages.

Der zentralen Leitung obliegt in diesem Sinne – so weit es nicht explizit andere Organe betrifft – auch die Durchführung der Beschlüsse des letzten und damit sie wählenden Parteitages. Bis zum nächsten Parteitag sind alle nötigen Entscheidungen von der zentralen Leitung zu treffen und entsprechende Beschlüsse zu fassen. Diese Beschlüsse sind für alle untergeordneten Leitungen, Parteiorganisationen und ihre Mitglieder verbindlich.

Die zentrale Leitung entscheidet über etwaige besondere Aufgabenbereiche ihrer Mitglieder. Sie kann zu einem allgemeinen, permanenten Zweck oder zu spezifischeren Angelegenheiten und Zielsetzungen auch Arbeitsgruppen, Ausschüsse, Kommissionen und Sekretariate einrichten und besetzen, wenn sie dies als zweckmäßig erachtet.

Am Schluss der Funktionsperiode, die am nächsten Parteitag endet, hat die zentrale Leitung dem Parteitag einen zusammenfassenden Bericht über seine Tätigkeit und die Entwicklung der Partei seit dem letzten Parteitag zu erstatten. Eine Trennung in Tätigkeits-, Finanz- und politischen Bericht ist zumeist zweckmäßig. Außerdem gibt die zentrale Leitung einen Wahlvorschlag für die Zusammensetzung der neuen Leitung ab. Dadurch wird das demokratische Recht jedes Parteimitglieds, für jedes Organ oder jede Funktion jener Parteiorganisationen, durch die seine eigene Grundorganisation erfasst ist, zu kandidieren, nicht berührt.

Im Sinne der immer wieder nötigen personellen Erneuerung oder Erweiterung sowie der politischen Kontinuität der zentralen Leitung bzw. der Neuschaffung oder Erweiterung untergeordneter Leitungsorgane besteht eine wichtige Aufgabe der zentralen Leitung in der systematischen Kaderpolitik. Hierbei handelt es sich um eine Schlüsselfrage der Weiterentwicklung der Partei. Diese Aufgabe umfasst die Sicherung der Auswahl, der Entwicklung, des Einsatzes sowie der marxistisch-leninistischen und fachlichen Aus- und Weiterbildung neuer, junger und zukünftiger Kader – also höherer leitungsfähiger Funktionäre – und sie ist auf die Gewährleistung der kadermäßigen Voraussetzungen gegenwärtiger und zukünftiger Tätigkeiten der Partei gerichtet. Geeignete Parteimitglieder müssen planmäßig und rechtzeitig zu Kadern herangebildet, für die Tätigkeit in der

Leitungsarbeit qualifiziert und auf die Übernahme von höheren Funktionen in Leitungskollektiven vorbereitet werden. Dies geschieht über theoretische und praktische Schulungen, schrittweise Erfahrungen in der Parteiarbeit sowie die Übertragung erster selbstverantwortlicher Aufgaben und deren Ausweitung. Die marxistisch-leninistische Partei ist bestrebt, ihre Kader nicht nur aus der Intelligenz zu rekrutieren, sondern gezielt und zahlreich Arbeiter zu Leitungskadern heranzubilden. Die Hauptreserve an zukünftigen Kadern der Partei findet sich jedoch selbstverständlich im marxistisch-leninistischen Jugendverband.

In diesem Zusammenhang ist darauf hinzuweisen, dass eine Gegenüber- oder gar Entgegenstellung von Kaderpartei und Massenpartei unzulässig und falsch ist, denn es handelt sich bloß um Organisationsformen, die konkreten Bedingungen und dem Niveau der Parteientwicklung entsprechen können. Entscheidend ist immer die Verbindung zwischen beiden Elementen: Die Sicherung des Charakters der Partei als Organisation der bewusstesten Teile der Arbeiterklasse und die ständige Erziehung von Parteikadern, die in der Lage sind, für die Erfüllung ihrer Funktionen im Sinne der politisch-ideologischen Grundlagen der Partei und für die Verbindung mit den Massen zu sorgen. Damit ist auch gesagt, dass Kaderpolitik und Massenpartei einander keineswegs ausschließen – im Gegenteil: Je mehr die Partei quantitativ wächst, neue und mehr Mitglieder anzieht und integriert, damit auch mehr und größere Parteiorganisationen erhält, desto mehr Kader, d.h. leitungsfähige Funktionäre wird sie zwingend benötigen. Und schließlich sind es auch neue Mitglieder aus der Arbeiterklasse, die ihrerseits wiederum zu Zielpersonen der Kaderpolitik werden.

Das Verhältnis von Demokratie und Zentralismus

Eingangs wurde erwähnt, dass das richtige Verhältnis von parteiinterner Demokratie einerseits und zentralistischer Organisierung und zentraler Leitung andererseits von entscheidender Bedeutung sei. Und dieses Verhältnis ist gemäß den Bedingungen natürlich veränderlich, denn so verlangt etwa eine etwaige Illegalität einer Partei freilich einen weitaus strafferen Zentralismus sowie auf unteren Ebenen eine Einschränkung der Demokratie und Wählbarkeit.

Wird das zentralistische Elemente vernachlässigt, so vermindert dies die Kraft, Zielsicherheit und Einheitlichkeit der Tätigkeit der Partei. Wird die innerparteiliche Demokratie unzulässig vernachlässigt, so führt dies zur Isolierung der verantwortlichen Leitungen, die Verbindung zwischen Führung und Basis wird gestört und in weiterer Folge auch die zwischen der Partei und den Massen. So oder so bedeutet ein falsches Verhältnis eine Verminderung der Kampfkraft der Partei. Als Regel kann gelten: Die Mitwirkung an Beschlussfassungen und die Überzeugung von der Richtigkeit derselben ist Voraussetzung der disziplinierten Durchführung von Beschlüssen.

In der richtigen Einschätzung ist ein Fehler zu vermeiden, den die Gegner des Marxismus-Leninismus und der Arbeiterbewegung insgesamt gerne mit falschen Behauptungen ermöglichen wollen: In der Sichtweise der Gegner handelt es sich ohnedies immer um einen angeblich „bürokratischen Zentralismus“, wobei Zentralismus per se als antidemokratisch oder undemokratisch präsentiert wird. Doch die beiden Hauptelemente des demokratischen Zentralismus – eben Demokratie und Zentralismus – sind keineswegs ein Gegensatzpaar. Denn das Gegenteil von Zentralismus ist ja nicht Demokratie, sondern Föderalismus. Und Föderalismus in einer Partei würde bedeuten, dass untere Parteiorganisationen Beschlüsse fassen und umsetzen sowie Positionen vertreten können, die jenen der Gesamtpartei widersprechen. Er würde bedeuten, dass unterschiedliche Landesorganisationen oder auch sogar benachbarte Bezirksorganisationen eines Bundeslandes völlig entgegen gesetzte Dinge behaupten könnten. Es liegt auf der Hand, dass derartiges nur zur Verwirrung der Arbeiterklasse führen würde, wenn Positionen der Partei von der geografischen Lage der jeweiligen Parteiorganisation abhängen und sich gravierend unterscheiden würden. Die Bundesorganisation wäre dadurch weitgehend handlungsunfähig und als kollektive Einheit de facto nicht mehr existent oder zumindest äußerst chaotisch. Man kann das „Organisationsprinzip“ des „pluralistischen Föderalismus“ daher getrost Parteien wie der SPÖ oder der KPÖ überlassen, deren Demokratieverständnis ironischer Weise dann auch noch weit hinter das des demokratischen Zentralismus zurückfällt.

Schlussbemerkungen

Man kann feststellen, das Organisationsprinzip des demokratischen Zentralismus bildet in seiner Anwendung das unerlässliche normative Gerüst der revolutionären Partei der Arbeiterklasse, der marxistisch-leninistischen Partei. Man kann bei einem Gerüst nicht nach Belieben hier oder dort einfach einen Balken, eine Strebe, eine Plattform oder auch nur eine Schraube entfernen, ohne es der Gefahr des Einsturzes auszusetzen.

Realistisch besehen darf und muss man jedoch davon ausgehen, dass – zumindest ab einer gewissen Größe der Partei – zu kaum einem Zeitpunkt die Tätigkeiten aller Parteiorganisationen voll und ganz den vorgegebenen Organisationsprinzipien und -normen entsprechen werden. Auch die bewussteste Praxis der Realität ist immer nur eine Annäherung an ein Ideal, selbst wenn dieses nicht willkürlich erdacht wurde, sondern wenn es sich um das Ergebnis von Erfahrungen und grundlegende Voraussetzungen für die maximale Wirksamkeit der Parteiarbeit handelt. Denn es sind immer noch Menschen, die handeln – und selbst im höchsten Maße geschulte Marxisten-Leninisten und erfahrene Parteikader können Irrtümern erliegen oder Fehler machen. Ein wichtiges Tool des demokratischen Zentralismus ist aber eben, dass gerade Mängel erkannt und behoben werden können, womit ein stetiger Lernprozess der Partei, der Mitglieder und der Arbeiterklasse verbunden ist.

Somit sind auch die Prinzipien des demokratischen Zentralismus keine Beschreibung einer perfekten Wirklichkeit – das zeigen auch die historischen Erfahrungen der SDAPR, der KPdSU, der KPD, der SED oder der früheren KPÖ –, sondern sie bilden eine allgemeine und grundlegende Vorgabe und eine Anleitung, an denen man sich zu orientieren hat. Organisationsprinzipien lassen immer verschiedene Organisationsformen zu. Und nur weil man ein Baugerüst hat, ist noch nicht gesichert, wie das Haus aussehen wird, denn das hängt von den beteiligten Menschen ab.

Tibor Zenker

Organisationspolitik und Parteiarbeit in der marxistisch-leninistischen Partei

Unter Organisationspolitik versteht man Aufbau, Strukturierung, Leitung, Erhaltung und Entwicklung der Parteiorganisationen der marxistisch-leninistischen Partei und damit auch der Gesamtpartei. Ihre Anforderungen ergeben sich aus der marxistisch-leninistischen Parteitheorie, aus den Prinzipien des demokratischen Zentralismus sowie aus der Analyse des Entwicklungszustandes der Partei und ihren konkreten Kampf- und Entwicklungsbedingungen. Aufgrund dadurch bestimmter Aufgaben ergeben sich für die Organe, Organisationen und Mitglieder der Partei verschiedene Felder der Parteiarbeit in ihrer gezielten Wirkung nach innen und nach außen.

Organisatorische Grundvoraussetzungen erfolgreicher Parteiarbeit

Soll eine Partei ihre Aufgaben umfassend erfüllen können und tatsächlich in die Lage versetzt werden, sich so positiv wie nötig zu entwickeln, so sind vier Dinge quasi unerlässlich: 1. eine zentrale Leitung, 2. ein operatives Organ, 3. regelmäßige Parteimedien sowie 4. handlungsfähige und aktive Grundorganisationen. Gehen wir diese vier Punkte der Reihe nach durch!

Dass eine zentrale Leitung der Partei notwendig ist, wurde zuletzt schon - bei den historischen und theoretischen Grundlagen sowie beim demokratischen Zentralismus – besprochen. Ganz grundsätzlich wird dieses Organ benötigt, um die Gesamtpartei zwischen den Parteitagen handlungs- und entscheidungsfähig zu halten, aber auch um sie gemäß dem Parteiprogramm und den Parteitagsbeschlüssen zu führen. Eine Partei ohne zentrale Leitung würde eine bundesweite einheitliche Parteiarbeit natürlich verunmöglichen, man fiele zurück in ein lokales, loses Zirkelwesen. Das bedeutet aber auch, dass es hier nicht nur um die bloße Existenz geht, sondern die zentrale Leitung hat auch ihre Aufgaben ernsthaft zu erfüllen, als demokratisches Kollektivorgan, als Kollektiv persönlicher Verantwortungen und als ein Leitungsorgan, das den unteren Organen und Organisationen nicht einfach Direktiven durchgibt, sondern in Interaktion mit diesen eine effiziente Parteiarbeit der unteren Ebenen gezielt ermöglicht und fördert. Hierfür sind umgekehrt natürlich auch entsprechende und regelmäßige Berichte und Eingaben dieser Organe und Organisationen nötig.

In der Weiterentwicklung einer Partei benötigt die zentrale Leitung bzw. die Parteiarbeit insgesamt ein operatives, umsetzendes Organ, also eine Art Sekretariat der Leitung. Eine rein ehrenamtliche Leitung wird - auch bei optimaler Arbeitsteilung – bezüglich der persönlichen Ressourcen ihrer Mitglieder früher oder später an ihre Grenzen stoßen und kaum in der Lage sein, tatsächlich eine tagtägliche Arbeit zu entfalten bzw. eine solche aufrechtzuerhalten. D.h. die Partei braucht – wie man es auch benennen möchte – einen „Parteiapparat", also Menschen, die auf „hauptamtlicher" Basis ein Parteibüro besetzen, Aufträge der Leitung umsetzen, den Kontakt zu Parteiorganisationen jederzeit ermöglichen (in beiden Richtungen, denn dies darf keine Einbahnstraße sein), die ebenso permanent Ansprechpersonen für Außenstehende sind, die Medien- und Öffentlichkeitsarbeit leisten sowie überhaupt organisatorische Grundvoraussetzungen bieten. Ein solches Parteibüro oder Sekretariat darf, nebenbei bemerkt, sich freilich nicht verselbständigen, sondern muss ein unmittelbares Organ des gewählten und rechenschaftspflichtigen Parteivorstandes sein. Andernfalls wäre der erste Schritt zur Bürokratisierung schon genommen.

Zum Dritten braucht es regelmäßig erscheinende bzw. aktualisierte Parteimedien. Diese haben mehrere Funktionen: Sie sind zunächst natürlich ein Instrument der Propagierung der Positionen der Partei, ein Aufklärungsinstrument; sie sind ein Instrument der theoretischen Auseinandersetzung nach außen wie im Inneren, nämlich im letzteren Sinn auch zur Schärfung und Weiterentwicklung der eigenen theoretischen, ideologischen, strategischen Sichtweisen und Fähigkeiten; und sie sind potenziell ein Moment der Organisationsentwicklung, ein „kollektiver Organisator", wie Lenin sagt. Das bedeutet, dass es in letzter Konsequenz aufgrund unterschiedlicher Funktionen auch verschiedene Parteimedien geben muss. Zunächst eine allgemeine Parteizeitung in populärer, verständlicher Form zur Verbreitung unter den Massen (ein „Zentralorgan", wenn man so will), zweitens ein theoretisches Organ und drittens elektronische Medien, also v.a. einmal eine Webpräsenz im Internet. Und es ist explizit festzuhalten, dass letztere keinesfalls die Printmedien ersetzen können – sie sind lediglich eine (für unsere Zwecke sogar äußerst praktische) Ergänzung. Aber eine Parteizeitung erfordert – IRL – die direkte Übergabe an einen Menschen, ermöglicht den direkten Kontakt und das persönliche Gespräch, während auch die beste Homepage mehrheitlich einen äußerst passiven Charakter behält. Zwar wird die Verbindung der Partei-HP oder einer Onlinezeitung mit sozialen Netzwerken und speziellen Multimedia-Plattformen der Partei dies etwas abmildern, trotzdem darf als Formel festgehalten werden: Facebook erübrigt nicht den face-to-face-Kontakt auf der Straße, am Wohnort, im Betrieb. Oder, wie es die Kommunistische Jugend Österreichs auf ihrer HP formuliert: „Die Revolution gibt's nicht zum Download!" – Nötig ist daher der reale Kontakt der Partei und ihrer Mitglieder mit den Menschen.

Die Notwendigkeit aktiver Grundorganisationen versteht sich wohl wiederum weitgehend von selbst. Die Grundorganisationen sind die – soeben geforderte – unmittelbare Verbindung der Partei zur Arbeiterklasse, zur Masse, sie sind dadurch mitentscheidend für die Außenwirkung der Partei, für ihr Ansehen, ihren Einfluss, aber auch für ihren Erfolg in der Aufklärung, Heranführung und Organisierung der Arbeiter, schlussendlich auch für ihr quantitatives Wachstum. Es gibt hier also zwei Aufgabenbereiche, die freilich zusammenhängen und ineinander übergehen: einerseits Agitation, Propaganda, Aufklärung, Verbreitung revolutionären Bewusstseins und erster Grundlagen des wissenschaftlichen Sozialismus; andererseits Aktivierung und Organisierung der Arbeiter, Unterstützung in selbsttätiger Aktion und Auswertung dieser praktischen eigenen Erfahrungen im Klassenkampf – erst dies macht die Menschen eventuell auch für fortgeschrittene Aufklärung empfänglicher, für die Notwendigkeit der Organisierung in einer revolutionären, marxistisch-leninistischen Partei, somit für eine Annäherung an diese, die schließlich in einem Beitritt und neuer aktiver Parteiarbeit münden kann. – Doch auf die Arbeit in den und der Grundorganisationen kommen wir später nochmals zurück.

Bestimmung und Festlegung der Organisationspolitik

Die Bestimmung und Festlegung der Organisationspolitik obliegt der zentralen Leitung der marxistisch-leninistischen Partei. Sie hat dabei von drei Eckpunkten auszugehen, die zu analysieren und zueinander in Bezug zu bringen sind.

Die erste und allgemeine Grundlage ist die Frage nach dem Wesen, der Funktion und der Zielsetzung der Partei insgesamt. Diese ergeben sich klarerweise aus ihrem Charakter als marxistisch-leninistische Partei der Arbeiterklasse, deren Strategie auf die sozialistische Revolution gerichtet ist. Üblicherweise ist dies im Parteiprogramm festgelegt und teilweise auch im Statut verankert. – Somit besteht zunächst die Aufgabe darin, diese inhaltlichen Voraussetzungen anhand der Realität zu messen und zu hinterfragen: Inwieweit entspricht die Partei dem geforderten Charakter? Erfüllt die Partei tatsächlich ihre Funktionen? Ist ihre Tätigkeit auf das strategische Ziel gerichtet? Und falls nicht: Warum nicht? Gibt es Mängel oder Fehler, so sind diese umgehend zu korrigieren. Solche Korrekturen können etwa einzelne politische Positionen, die Parteilinie zu bestimmten Fragen, schlimmstenfalls auch die strategische Generallinie, aber auch einfach nur die Durchführung der Schulungs- und Bildungsarbeit oder die Bündnispolitik der Partei betreffen.

Zweitens sind die Kampfbedingungen – oder weniger martialisch: die Tätigkeits- und Arbeitsbedingungen – der Partei zu überprüfen. Kann sie ihre Tätigkeit ungehindert entfalten? Wird sie von staatlicher Seite bedrängt? Wird sie vom „Verfassungsschutz" oder anderen Einrichtungen beobachtet oder überwacht? Inwieweit kann sie an der bürgerlichen Demokratie teilnehmen und in ihr Einfluss ausüben? Gibt es antidemokratische Tendenzen oder, im Gegenteil, sogar eine Demokratisierung und Liberalisierung? Worin besteht diese oder jene Entwicklung? Gibt es praktische faschistische Gefahren für die Partei und ihre Organisationen? Wie sieht die internationale politische Entwicklung und wie jene in der EU aus? Welche wirtschafts- und sozialpolitischen und welche arbeitsrechtlichen Veränderungen sind in Aussicht? Und was bedeuten diese für die Arbeiterklasse und die Gesellschaft insgesamt? – Die Beantwortung dieser und ähnlicher Fragen ergibt den Rahmen, in dem sich die Partei zu bewegen hat, an den sie sich im Konkreten anzupassen hat. Eine solche Anpassung kann methodische, taktische und strukturelle Änderungen in der Partei nötig machen, letztlich gilt: die Partei muss alle Kampfformen beherrschen bzw. zu beherrschen lernen. Die gravierendste Änderung wäre natürlich eine Umstellung auf eine konspirative Ausrichtung in der Illegalität, was absehbar in Österreich freilich nicht unmittelbar bevorstehen dürfte. Insofern ist es ebenso unzulässig wie unzweckmäßig, Elemente der historischen illegalen marxistisch-leninistischen Parteiarbeit in die Gegenwart der bürgerlichen Demokratie zu tradieren. Trotzdem sind die Parteimitglieder und erstrecht die Leitungen angehalten, mit internen Informationen sorgsam umzugehen, nicht zuletzt was die Übermittlung übers Internet betrifft, d.h. über E-Mail, Mailgruppen oder geschlossene Konferenzen und Foren. Noch viel mehr sollen die Mitglieder freilich in öffentlich einsehbaren Bereichen des Internets weder Interna noch unnötige persönliche Informationen zugänglich machen. Propaganda und Agitation im Sinne der Partei sind – nicht nur im Netz, sondern auch in der realen Öffentlichkeit und im Gespräch – klar zu trennen von innerorganisatorischen sowie persönlichen, auch privaten Informationen, die nicht für jeden, insbesondere nicht für politische Gegner und den bürgerlichen Staatsapparat gedacht sind.

Drittens ist der Zustand der Gesamtpartei zu überprüfen, in organisatorischer und struktureller Hinsicht sowie auf die Funktionalität der Parteiorgane, bezüglich ihrer Aktivitäten und Mitgliederentwicklung, nicht zuletzt aber in Hinblick auf die „reale Existenz“ der unteren Strukturen, insbesondere betreffend der regelmäßigen Tätigkeiten der Grundorganisationen. Werden hierbei Mängel entdeckt, so sind entsprechende Gegenmaßnahmen zu ergreifen bzw. auf unteren Ebenen zu fördern. Dies kann z.B. die Intensivierung der Information, Betreuung und demokratischen Einbindung der Mitglieder betreffen, neue Wege der Mitgliederwerbung, strukturelle Reorganisierungen, die zentrale Veranstaltungstätigkeit oder auch die Durchführung der Kaderpolitik.

Parteitätigkeit in den Grundorganisationen

Die Parteiarbeit – also die gesamte Tätigkeit der Mitglieder für die und im Sinne der Partei – in den Grundorganisationen kennt drei Elemente, die bei einer Neugründung schrittweise zu entwickeln, bei bestehenden Grundorganisationen jedoch sämtliche unentbehrlich sind: Die Grundorganisationen müssen 1. als demokratisches Kollektiv arbeiten, 2. ein regelmäßiges Gruppenleben entwickeln und 3. eine aktive Außenwirkung entfalten.

Die erste Voraussetzung sind also die regelmäßigen (d.h. mindestens monatlichen) Treffen der Grundorganisation. Diese sind Mitgliederversammlungen – und als solche auch de facto das entscheidungs- und beschlussfähige demokratische Kollektivorgan der Grundorganisation, in der es keine Hürde für die allgemeine und allseitige demokratische Teilhabe aller Mitglieder geben darf. Hier werden Beschlüsse – die freilich nicht etwaigen bestehenden übergeordneter Instanzen oder Leitungen widersprechen dürfen – nach gemeinsamer, offener Diskussion mit demokratischer Mehrheit gefasst, die Minderheit unterstützt sodann ebenfalls die Durchführung der Beschlüsse. Die Grundorganisation als unterste Ebene der Partei hat keinen Leitungsvorstand im eigentlichen Sinn, der „stellvertretend" für die Mitglieder entscheidet und diesen verbindliche Beschlüsse vorlegen kann. Die Mitgliederversammlung bestimmt auf einer regelmäßig (d.h. jährlich) wiederholten Generalversammlung lediglich einen Ausschuss, ein „Sprecherteam" oder auch nur einen Vertrauensmann (eine Vertrauensfrau). Es handelt sich dabei nicht um die höchste Instanz zwischen den Generalversammlungen – wie auf höheren Ebenen –, sondern dies bleibt die Mitgliederversammlung. Der GO-Ausschuss soll rein organisatorische Befugnisse haben sowie gegenüber dem Gruppenkollektiv dafür die persönliche Verantwortung tragen, dass die Verbindung und die Kommunikation mit den übergeordneten Organen und Organisationen funktioniert. D.h. dieser Ausschuss muss organisatorisch dafür sorgen, dass Beschlüsse, Eingaben oder Vorschläge sowie Berichte der Grundorganisation den Adressaten zukommen, andererseits dafür, dass übergeordnete Entscheidungen oder Anordnungen zur Kenntnis genommen, im Gruppenkollektiv diskutiert und präzisiert sowie planmäßig gemeinsam umgesetzt werden.

Der zweite Schritt bzw. die zweite Voraussetzung besteht in der Etablierung und Aufrechterhaltung eines Gruppenlebens, das zunächst interner Natur ist. Das bedeutet, dass in der Grundorganisation einerseits eine regelmäßige organisierte Beschäftigung mit politischen, theoretischen oder historischen, v.a. aber mit lokalen bzw. betrieblichen Fragen der jeweiligen GO stattzufinden hat, dass andererseits zu speziellen Anlässen auch die Durchführung sozusagen „nicht-politischer" Gruppenabende – seien sie z.B. feierlich oder kulturell determiniert – zweckmäßig sind. Die Ziele sind dabei die Festigung der Gruppe, die Entwicklung eines kameradschaftlichen Zusammenhalts sowie einer demokratischen Diskussionskultur und eines solidarischen Miteinanders, die Weiterbildung der Mitglieder und ihrer politischen, theoretischen und praktischen Fähigkeiten und die Entwicklung neuer oder konkreter Ansätze der lokalen oder Betriebspolitik. Über allem besteht das organisierte Gruppenleben aber in der bewussten Aktivierung der Mitglieder. Ein weiterer möglicher

Aspekt, der in diese Richtung wirken könnte, wäre übrigens auch die Kassierung der Mitgliedsbeiträge über die Grundorganisationen, wofür jedoch explizit verantwortliche Personen zu bestimmen wären. In letzter Konsequenz soll die Aktivierung der Mitglieder zur Bereitstellung einer handlungsfähigen Grundorganisation führen.

Denn dies ist Voraussetzung des dritten Schritts bzw. der dritten Aufgabe der Grundorganisationen, nämlich ihrer Außenwirkung. Wir haben zuvor – und auch zuletzt beim Thema des demokratischen Zentralismus – schon gehört, warum und inwiefern außenwirksame Aktivitäten und die Präsenz der Grundorganisationen in ihrem jeweiligen Bereich von größter Bedeutung für die Entwicklung und den Einfluss der Gesamtpartei sind. Dies muss daher nun nicht abermals wiederholt werden. Stattdessen geht es nun um Maßnahmen, um eine Grundorganisation in ihrem Umfeld zu verankern, und um Aktivitäten, die im Sinne des Einflusses Partei zu setzen sind. Diese sind durchaus unterschiedlicher Natur.

Formen der außenwirksamen Parteiarbeit

Was sich zunächst logisch ergibt, ist, dass die vorhin erwähnte interne Veranstaltungstätigkeit in eine öffentliche übergeht. D.h. die Grundorganisationen bieten regelmäßig öffentliche Veranstaltungen an, die der Information, Aufklärung, Bildung und – wo möglich – Selbstorganisation der Menschen dienen. Auch bei optimaler Bewerbung haben solche Angebote natürlich einen etwas passiven Charakter, weshalb sich die Tätigkeit einer GO keinesfalls bloß darauf reduzieren darf. Dies würde die Gefahr einer letztlich isolierenden Selbstgenügsamkeit in sich bergen, daher muss man natürlich immer auch „nach draußen" gehen (aber dazu später). Für die öffentliche Veranstaltungstätigkeit sind entsprechende Locations zu organisieren, denn es wird sich kaum ergeben, dass jede GO über eigene Räumlichkeiten verfügt, die für öffentliche Veranstaltungen geeignet sind. Es braucht also Lokale, Gaststätten mit Veranstaltungsräumen und Extrazimmern, die bereit sind, diese für politische Veranstaltungen zur Verfügung zu stellen bzw. zu vermieten. Ähnliches gilt für etwaige Räumlichkeiten befreundeter Vereine oder Organisationen und gewerkschaftlicher Einrichtungen bzw. alternative Veranstaltungszentren. Vielerorts gibt es aber auch Räumlichkeiten im kommunalen oder staatlichen Eigentum, die gegen einen überschaubaren Geldbetrag zu requirieren sind, d.h. also z.B. Gemeindesäle, Volkshochschul-Räume, Einrichtungen wie in Wien das Haus der Begegnung oder auch Universitätshörsäle.

In gewisser Weise verwandt mit einer öffentlichen Veranstaltungstätigkeit ist das Anbieten einer regelmäßige Beratungstätigkeit, etwa in Miet-, Sozial- oder arbeitsrechtlichen Fragen. Auch hierfür braucht es öffentlich zugängliche Räumlichkeiten, allerdings im weitaus kleineren Rahmen. Voraussetzung einer solchen Tätigkeit sind natürlich entsprechende Kompetenzen der Mitglieder, die gezielt entwickelt und ausgeweitet werden müssen. Auch schriftliche Informationsbroschüren zu diesen Themen sind wünschenswert.

Der dritte Bereich der eigenen öffentlichen Veranstaltungstätigkeit umfasst feierliche und kulturelle Veranstaltungen, etwa im Sinne eines Straßen- oder Grätzelfestes (oder auch nur einzelner Konzerte, Lesungen oder dergleichen). Derartiges ist die Möglichkeit, auf niederschwellige Weise in Kontakt mit den Menschen zu treten, auf Basis eines Musik- und Kulturprogramms, kulinarischer Angebote, Kinderspieleinrichtungen etc. – Ein solches Fest ist natürlich leicht zu verbinden mit zuvor besprochenen, in diesem Fall unaufdringlichen Angeboten der politischen Information und Diskussion sowie der Beratung.

Nachdem die Parteiorganisationen keinesfalls nur im eigenen Rahmen tätig zu sein haben, sind auch andere öffentliche Veranstaltungen aktiv zu besuchen. Dies können Vorträge oder Diskussionsveranstaltungen anderer Organisationen sein, Treffen von Bürgerinitiativen, Protestversammlungen oder auch Angebote, die an die Bevölkerung von staatlicher oder kommunaler Seite gesetzt werden. Die Aufgabe der Parteimitglieder ist es, wenn sie an derartigem teilnehmen, sich fundiert mit dem jeweiligen Thema auseinanderzusetzen sowie Positionen im Sinne der Partei zu finden und zu vertreten. Diese sind über Wortmeldungen einzubringen, als analytische Beiträge wie als Vorschläge für Aktivitäten oder Maßnahmen. Man soll sich dabei aber nicht sektiererisch verhalten, sondern offen sein für andere Sichtweisen und Vorschläge sowie für bündnispolitische Aktionen. Es gilt: Die Partei kann und soll alles unterstützen, was positiv ist, ohne Scheuklappen und Vorbehalte aufgrund anderer Uneinigkeiten. Sie soll sich dabei als verlässlicher Partner engagieren und keine Vorschriften machen, sondern immer darauf gerichtet sein, die Menschen selbst zur eigenen Aktivität für ihre jeweiligen

Interessen und Bedürfnisse anzuspornen und ihnen dabei zu helfen. Ergeben sich Folgeveranstaltungen, Aktionen, Kundgebungen etc., so hat man sich im selbigen Sinne daran zu beteiligen.

Zentrales Element der Außenwirkung der Partei ist die Präsenz ihrer Grundorganisationen, ihrer Mitglieder „auf der Straße". Unabhängig von zentralen Kampagnen oder Wahlkämpfen, die durch übergeordnete Organisationen bzw. Organe initiiert wurden und durch die Grundorganisationen durchzuführen sind, müssen diese selbst eine regelmäßige Präsenz im öffentlichen Raum entwickeln. Anhand eigener Themen, die lokale, kommunale oder betriebliche Bedeutung haben, sind Kampagnen zu planen, zu organisieren und durchzuführen. Das bedeutet, dass Mitglieder der Grundorganisation auf viel frequentierten öffentlichen Plätzen, bei Knotenpunkten des öffentlichen Verkehrs, in Einkaufsstraßen, vor großen Betrieben oder vor bzw. in der Nähe von Kultur-, Sport- oder Bildungseinrichtungen mittels Infotischen, Verteilaktionen oder auch kleineren Kundgebungen Kontakt zu den Menschen suchen, ihnen Informationsmaterial anbieten und versuchen, mit ihnen ins Gespräch zu kommen – also ganz „banale" Aufklärungs- und Agitationsarbeit leisten. Das bedeutet, dass diese Kampagne ergänzt wird durch die Streuung sonstigen Agitationsmaterials, d.h. beispielsweise mittels Flugblättern in Briefkästen, über die Verbreitung von Plakaten, Wandzeitungen und Aufklebern, wobei seitens der Parteimitglieder selbstverständlich davon abzusehen ist, dabei privates oder öffentliches Eigentum zu beschädigen bzw. an unerlaubten Stellen Materialien anzubringen. Das bedeutet damit auch, dass im Vorfeld einer Kampagne für das nötige Agitationsmaterial zu sorgen ist: Grundlegende und allgemeine Materialien (wie z.B. ein Vorstellungsfolder oder programmatische Broschüren) sind zentral von der Bundespartei bereitzustellen; spezifische Kampagnenmaterialien sind von der Grundorganisation selbst zu erarbeiten und zu erstellen, wobei auf die Übereinstimmung mit eventuell bestehenden Positionen übergeordneter Instanzen zu achten ist.

Ein besonderes Material wäre ein regelmäßiges GO-Printmedium als regionale, kommunale oder Stadtteilzeitung. Abgesehen von der Tatsache, dass eine solche Zeitung auch auf unteren Ebenen als kollektiver Organisator wirken kann, können hier fortlaufend jeweils relevante Themen aufgegriffen und weiter verfolgt, also systematische Aufklärung und Propagandatätigkeit umgesetzt und gewährleistet werden. Daneben informiert die Zeitung über anstehende öffentliche Termine der Grundorganisation und übergeordneter Organisationen, über Kontaktmöglichkeiten und Onlineangebote der Partei sowie spezifischer Organisationen mit Naheverhältnis zur Partei (wie z.B. der Gewerkschafts- oder Jugendorganisation). Angemerkt sei: Man muss sich hier quantitativ keine übertriebenen Ziele setzen, denn bereits ein einmal gefaltetes A3-Blatt ergibt eine vierseitige A4-Zeitung. Von größerer Bedeutung sind die Regelmäßigkeit des Erscheinens und die populäre Verständlichkeit der Beiträge. Die Etablierung einer solchen Zeitung bedarf zwar ihrer Legitimation als offizielles Parteiorgan durch eine übergeordnete Leitung, jedoch ist dies ein einmaliger Akt: Keine übergeordnete Leitung ist eine Zensurbehörde für eine GO-Zeitung (das gilt analog übrigens auch für sonstige Materialien der Grundorganisationen). Es liegt in der Verantwortlichkeit der handelnden Mitglieder – und letztlich der jeweiligen Mitgliederversammlung –, in Übereinstimmung mit dem Parteiprogramm, mit grundsätzlichen Positionen und bestehenden Beschlüssen zu agieren. Alle Mitglieder sind berufen, auf etwaige Fehler, Ungenauigkeiten oder Verstöße hinzuweisen.

Zielsetzungen der Parteiarbeit

Die gesamte Tätigkeit der Parteiorganisationen und ihrer Mitglieder verfolgt mehrere Zielsetzungen, die auf einander aufbauen und zusammenwirken, die als stetig erweiterter Kreislauf permanente Aufgaben darstellen, die mit dem Wachstum der Partei auch immer wieder von Neuem begonnen werden müssen. Man kann folgende Punkte systematisch festhalten:

1. Die Etablierung von Grundorganisationen als demokratisches Kollektiv, das sich gemäß den Prinzipien des demokratischen Zentralismus in der Gesamtpartei einordnet.

2. Die Aktivierung der Mitglieder im Inneren: Die Mitglieder sollen zur Teilhabe am Gruppenleben animiert werden, in weiterer Folge am gesamten Parteileben, das davon abhängig ist, dass sich die unteren Ebenen und ihre Mitglieder ernsthaft und nachhaltig einbringen. Dies muss umgekehrt von den übergeordneten Instanzen auch entsprechend ermöglicht werden.

3. Schulung und Weiterentwicklung der Mitglieder und ihrer Fähigkeiten in theoretischer, strategischer, organisatorischer und agitatorischer Hinsicht. Dies ist Grundvoraussetzung erfolgreicher Kaderpolitik.

4. Die Aktivierung der Grundorganisationen und ihrer Mitglieder im Sinne der Außenwirkung der Partei. Die Etablierung und Aufrechterhaltung regelmäßiger, ja permanenter außenwirksamer Parteiarbeit ist unerlässlich für die Stärkung der Partei.

5. Das erste Ziel der außenwirksamen Parteiarbeit ist die simple Wahrnehmung der Partei als existente und aktive Organisation. Die Partei muss zunächst einmal ein Minimum an Bekanntheit erlangen und diese sodann ausbauen.

6. Die Bekanntmachung der Menschen mit den politischen Positionen, Inhalten, Vorschlägen und Zielen der Partei, Abbau von Vorurteilen und Vorbehalten.

7. Die Aufklärung der Menschen über das Wesen des Kapitalismus, über den Klassenkampf und den Sozialismus sowie die Verbreitung revolutionären, sozialistischen Bewusstseins und der Grundlagen des Marxismus-Leninismus.

8. Heranführen der Menschen an die Partei, Unterstützung in selbsttätiger Aktion, Aufklärung über die Notwendigkeit der Organisierung.

9. Aufnahme und Integration neuer Mitglieder (dies erfordert bei diesen abermaliges Ansetzen bei Punkt 2 oder gegebenenfalls 1), dadurch Ausweitung der Parteiorganisationen und der Parteiarbeit, Kampf um Masseneinfluss.

10. Organisierte und allseitige Führung des politischen, ideologischen und ökonomischen Kampfes nach den Prinzipien des Klassenkampfes und der Bündnispolitik, Kampf um Positionen innerhalb des Systems, Kampf um Reformen, jedoch unter ständiger Berücksichtigung des strategischen Zieles, dessen Primat zu beachten ist.

Dies sind Voraussetzungen, um eine Partei zu erhalten, die tatsächlich in der Lage ist, den Anforderungen, die die marxistisch-leninistische Partei- und Revolutionstheorie formuliert, gerecht zu werden. Und das alles mögen Aufgaben und Ziele sein, die, vom gegenwärtigen Stand der Dinge aus betrachtet, als schwer oder sogar kaum zu bewältigen erscheinen. Das werden sie aber vor allem dann sein und bleiben, wenn man nicht bereit ist, ernsthaft und gewissenhaft damit zu beginnen und auch mühsame Klein- und Kleinstarbeit auf sich zu nehmen. Klar ist: Ohne eine solche Partei wird es keine Revolution und keinen Sozialismus geben.

Literaturverzeichnis:

- Autorenkollektiv: Kleines Politisches Wörterbuch, Berlin 1983, 4. Auflage, S. 172
- Engels, Friedrich: Zur Geschichte des Bundes der Kommunisten, Marx/Engels-Werke, Bd. 21, S. 206-224
- Engels: Zur Kritik des sozialdemokratischen Programmentwurfs 1891, MEW 22, S. 225-240
- Gramsci, Antonio: Das Werk Lenins, Il Grido del Popolo, 14.9.1918
- Gramsci: Die Eroberung des Staates, L'Ordine Nuovo, 12.7.1919
- Gramsci: Die Gewerkschaften und die Diktatur, L'Ordine Nuovo, 25.10.1919
- Gramsci: Die kommunistische Partei, L'Ordine Nuovo, 4.9./9.10.1920
- Gramsci: Die Hauptverantwortlichen, L'Ordine Nuovo, 20.9.1921
- Gramsci: Die italienische Krise, L'Ordine Nuovo, 1.9.1924
- Gramsci: Die Partei des Proletariats, L'Ordine Nuovo, 1.11.1924
- Gramsci: Rede vor der politischen Kommission des ZK der KPI, 20.1.1926, Protokoll des Parteitags von Lyon, Critica Marxista 1963/5-6
- Kommunistische Partei Österreichs: Sozialismus in Österreichs Farben – Programm der KPÖ, Wien 1982
- Lenin, Wladimir Iljitsch: Womit beginnen?, Lenin-Werke, Bd. 5, S. 1-13
- Lenin: Was tun?, LW 5, S. 355-549
- Lenin: Entwurf des Statuts der SDAPR, LW 6, 475-477
- Lenin: Ein Schritt vorwärts, zwei Schritte zurück, LW 7, S. 197-430
- Lenin: Der Imperialismus als höchstes Stadium des Kapitalismus, LW 22, S. 191-309
- Lenin: Über die Jugend, Berlin 1973
- Marx, Karl: Das Elend der Philosophie, Marx/Engels-Werke, Bd. 4, S. 63-182
- Marx, Karl/Engels, Friedrich: Manifest der Kommunistischen Partei, MEW 4, S. 459-493
- Marx, Karl/Engels, Friedrich: Ansprache der Zentralbehörde an den Bund, MEW 7, S. 244-255
- Marx, Karl: Inauguraladresse der Internationalen Arbeiter-Assoziation, MEW 16, S. 5-13

- Marx, Karl: Provisorische Statuten der Internationalen Arbeiter-Assoziation, MEW 16, S. 14-16
- Marx, Karl: Der Bürgerkrieg in Frankreich, MEW 17, S. 313-365
- Marx, Karl/Engels, Friedrich: Resolutionen des allgemeinen Kongresses zu Haag, MEW 18, S. 149-158
- Marx, Karl: Kritik des Gothaer Programms, MEW 19, S. 13-32
- Marx, Karl: Das Kapital – Band I, MEW 25, S. 11-802
- Sozialdemokratische Arbeiterpartei: Was will die Sozialdemokratie? Beschlüsse der SDAP – Parteitag zu Hainfeld, Wien 1892
- Sozialdemokratische Arbeiterpartei: Programm der SDAP, in: Austromarxismus – Texte zu „Ideologie und Klassenkampf", Frankfurt/M. und Wien 1970, S. 378-402

Autoreninformation:

Otto Bruckner (* 1962, Oberwart), Tischler, Vorsitzender der Kommunistischen Initiative Österreich (KI), 2009-2012 Arbeiterkammer-Rat der Kommunistischen Gewerkschaftsinitiative – International (KOMintern), 1991-1994 Bundessprecher der Kommunistischen Partei Österreichs (KPÖ).

David Lang (* 1988, Oberpullendorf), Arbeiter und Student, stellvertretender Bundesvorsitzender der Kommunistischen Jugend Österreichs (KJÖ), Mitglied der Kommunistischen Initiative Österreich.

Tibor Zenker (* 1976, Wien), Autor, stellvertretender Vorsitzender der Kommunistischen Initiative Österreich, 1999-2005 Vorstandsmitglied der niederösterreichischen Landesorganisation der Sozialistischen Jugend Österreichs (SJÖ).

Außerdem im Drehbuchverlag erschienen:

Tibor Zenker, *Stamokap heute – Vom gegenwärtigen Kapitalismus zur sozialistischen Zukunft*, 2005, 288 Seiten, Format 22x17 cm, Paperback, ISBN 978-3-902471-10-9

Tibor Zenker, *Der Imperialismus der EU*, 2006, 126 Seiten, Format 19x12 cm, Paperback, ISBN 978-3-902471-51-2

Tibor Zenker, *Was ist Faschismus?*, 2006, 176 Seiten, Format 19x12 cm, Paperback, ISBN 978-3-902471-50-5

Tibor Zenker, *Österreich 1938 – Hintergründe, Vorgeschichte und Folgen des „Anschlusses"*, 2008, 64 Seiten, Format 19x12 cm, Paperback, ISBN 978-3-902471-81-9

Tibor Zenker, *Der Imperialismus der EU 2*, 2010, 132 Seiten, Format 19x12 cm, Paperback, ISBN 978-3-902676-51-1

Tibor Zenker, *Faschismus/Antifaschismus*, 2011, 160 Seiten, Format 19x12 cm, Paperback, ISBN 978-3-902676-62-7